SCRIBBLE

Jacques DERRIDA

TRANSFIGURATIONS

Patrick TORT

スクリブル

スクリッブル

権力／書くこと

付：パトリック・トール「形象変化（象徴的なものの考古学）」

ジャック・デリダ 著

大橋完太郎 訳

月曜社

目次

スクリッブル ── 権力/書くこと

ジャック・デリダ

ウォーバートンを、ここで、いかに読むか？

　この問いは、一見したところ、単なる問いだったのかもしれない。慎み深く、無垢で、中立的な問い。冒頭にあって、ほとんど進むこともなければ、何を進めることもないような問いだ。いかに読むか？　という問い。未だに何の答えもなく、何の規定もなく、いかなる人称も関与しない、非人称不定法による問い。

　だが、暴力の到来が察知される。ひとつのまったき暴力が、問いというヴェールで覆われて、恥じらいながら、なんとか身を慎み、自己留保している。

　覆われているのだ。明らかにするには余りにも早すぎるが、少なくとも言っておこう。ウォーバートンによる数々の覆いが、ここでのわたしの対象となるだろう。

　ある暴力が、問いという慎み深い留保のなかで、なんとか自らを隠している。ひとつの慎み深い解釈学が起ころうとしている（真の意味、すなわち最終的に解読される真正さは、後ほどあなた方にお伝えする）。諸力はすでに再編成されて、「ねばならない」の砲火（「次のように読まねばならないのです」）が、間髪を入れずあなたに襲いかかるだろう。わたしは書物を自由に読者の手の届く範囲に委ねるが、それでもなお、わたしの手のなかで読者を監視して、（書物と読者を）検査するためだけに読者を手中に収め、ウォーバートンを、ここで、いかに読むか、と、読者に対して言うことになるのではないだろうか？　おそらくは口ごもりながら、尋問という痕跡を非常に慎重に抹消しながら、そうすることになるかもしれない。だが、それは、より悪質なことになりはしないか？　それは避けようのない一撃になりはしないか？

　読むことが命令になる。それだけでも十分なのに、教育は、読書の方法を規定することなしには決して進まない。計画の方眼が、問いを

受ける人の上に音を立てて襲いかかる(すでにあなたの上にも襲いかかっている)。いかに読むか——ここで——ウォーバートンを。

　読むために、そうせねばならないのだ。というのも、教育という暴力が先に立つことなしに、読む過程が存在しうるだろうか？　暴力ではない存在が、少なくとも言説のなかで(言説の外部に稀なチャンスがあるという可能性はおいておこう)、ひとつのプログラム、ひとつの戦略、あるいは諸力の関係を展開するということはないのだろうか？それは**政治的神官**のような存在のことだろうか？

　(この書物はまた、ひとりの国教会の司祭、ウォーバートン主教(Warburthon、ないしは Warburton と記される)によっておこなわれた、エクリチュールの操作としての政治的神官職に関する分析として読める。手短かに言えば、それは、エコノミーの法則や、典型的にエジプトのものである**エクリプチュール**〔*écrypture*〕の法則、またヒエログリフで作動している裏切りの法則にしたがう操作である。つまりそれはコードとクリプトの補足に従う)。

　計画の方眼〔プログラム　グリッド〕が、あなたの上に音を立てて襲いかかる。計画の方眼〔プログラム　グリッド〕と言ったが、これは古めかしいプログラミング技術に属している古いイメージだ。だがもう少しの間、このイメージを保持しておこう。ひょっとしたら少しは使えるかもしれない。このイメージは、解釈学的なプログラムの暴力と技術について述べるために、少しのあいだ十分な役割を果たすだろう。これこそがまさしく『ヒエログリフに関する試論』〔以下『試論』と略記する〕のテーマなのである。それは、エクリチュールからパロールまでを範囲にした、数々の比喩がもつイメージやその起源、かつそれらに関するあらゆる修辞学をテーマとしている。

　「方眼〔grille〕」という語を「篩〔crible〕」という語に置き換えてみよう。意味からしても形からしても難しくはない。篩は一種の方眼である。わたしたちはここですでに、ある歴史のなかに導き入れられ、ある言説のなかに引きずり込まれている。ウォーバートンのものを例に出

せば、それは彼が語る、あるいは彼のことを語る伝説的な歴史であり、彼がとらえた言説であり、また彼をとらえてもいる言説だ。もちろんそれはエクリチュールの歴史のことだし、書記たちの言説、書記に関する書記たちの言説のことだ。篩（よい穀物と悪い穀物とを分離するもの）と書記（書物を通じて、生と死とを識別する者）とのアナロジー、つまり農業と書物＝書くことの学とのアナロジーについて言うならば、ホラポロンのものと言われているヒエログリフ、すなわち「古代の驚嘆すべき断片」（『試論』第3節）について、後の部分で、トールによって読解されたヒエログリフそれ自体を読むことになるだろう。このアナロジー（わたしはこのアナロジーを批判〔critique〕と名付ける。というのも、毎回問題となるのは、〔批評という語の語源であるギリシャ語〕クリネイン〔krinein〕の機能、すなわち、分離し、峻別し、境界を記し、これとあれのあいだで決定し、排除し、つまり、選び、選抜し、一方のものを好み、価値を評価し、階層化し、選出する機能だからだ）、この批評というアナロジーは、それ自体が解釈にしたがい、つまり篩いにかけて解釈する強力な支配にしたがい、特定の関心に則り関心をかき立てる（つまりある関心にとってもっとも価値のあるものを生産する）暗号解読というフィルターにしたがう。トールによる論考「形象変化〔＝メタモルフォーシス Transfigurations〕」は、唯物論的な読解空間のなかに、このアナロジーを力強く打ち立てるものでもある。それは（上に述べたような意味で）決定的であり、決定をおこなう形象変化であり、それ自体が強力で、徹底した、攻撃的な精錬なのである。トールによれば、『試論』とは、ある種の唯物論、とりわけ唯物論的な宇宙論に対して、それについての無理解を示すか、あるいはその全否定をおこなうものであり、また、そうした無理解や全否定のなかで作動するものであった。それは、「象徴の生産」や「書く技術に関する政治的‐秘儀伝授的な制度」についての、少なくとも初期の唯物論的な理論を否定するものであろう。けれどもここではわたしは、更なる迂回のリスクを冒してまで

トールによる序論に序をつけることはしない。トールによる序論もまた、読まれるために置かれていて、いかに読まねばならないのかを言うために存在しているからだ。

　けれども、「いかに読むか」という問いと、それに続く「エクリチュールについていかに書くか」という問いが、すでに固有の仕方で、『試論』によって提起されていたとしたらどうだろうか？　この問いがもつ複雑なシステム、すなわち速記術的な形式化に関する複雑なシステムの問題を、**スクリブル**〔書くこと＝篩にかけること scrible〕と名付けることにしよう。それは紙を浪費しないための節約の尺度のことだ。つまり、エクリチュールにおけるあらゆる進歩は、少なくともそのひとつの目的として、「書物のもつ莫大な厚み」を縮約することに向けられていたとウォーバートンは主張している。書く技法とはつねに、「簡略化された道」を通って圧縮することにその本質があったのではないか。理論上、これは何か覆いのようなものがなければ進展しない。この点については後に立ち返ることにしよう。

　つまり、**スクリブル**についての問いが、『試論』によって、固有の仕方ですでに提起されていたとしたら、どういうことになるだろうか？　提起済みであるとは、すなわち、答えを述べる前、序文のさらに前に置かれた序のなかで、スクリブルを備えた、つまり識別や選別、決定をおこなう道具、あるいは選り分けるためのパースペクティヴに配置するための道具を備えた問いとしてすでに提起されていることを意味する。その序は、そうした道具のもつ諸力や、諸力の備給や排除、予期をおこなうプログラムや、そのプログラムのコードおよびコードの代理物とすでに混じり合っているのではないだろうか？　この批評的道具（スクリブルとしての『試論』）が、権力による（明瞭な）解釈や、とりわけ技術的-政治的-宗教的な形式のもとでの権力とエクリチュール、読解、解読、暗号化、および暗号解読との諸関係ともはや切り離

しがたいものであったならば、どういうことになるだろうか？　もし『試論』が、諸力の特定の備給を自身で表象しながらも、書くことを教育する力の諸関係を同時に扱っていたなら、どういうことになるだろうか？　事態は非常に複雑になるのではないか。『試論』は自らをその対象の例外とすることはないだろう。そしてわたしたちにとっても、それはもはや単なる対象ではなくなるだろう。

　わたしは、bをひとつ余分に付加して、走り書き〔スクリッブル scribble〕という余計に複雑なものを扱いたくなった。二重のbはもちろん、著者のウォーバートンによる原語表記を参照している（スクリッブルすること、それは書くことを生業とすることであるが、むしろ大急ぎで縮約して書く仕事のことである。のみならずそれは、羊毛を梳くという批評的な分離、フランス語でスクリブラージュ〔scriblage〕と綴られるものでもある）。さらにこの二重のbは、言うまでもなく、ジョイスの『フィネガンズ・ウェイク』における「乱筆乱歩〔Scribbledehobble〕」にも関係している[1][*1]。『フィネガンズ・ウェイク』は、署名したのが神学者かコードの理論家なのかわからない『試論』のような書物を読むための最高の頭脳となりうる。ジョイスは次のように言ったことだろう。「コードのいっそう偉大な貯蔵庫にとっては〔紙の語彙光を暗号しつつ[*2]〕」「あらゆる語はそれ自体のためにあるが、神のコードはわたしたちすべてにとってのものだ[*3]」。「今や、神コードが行動する。理論なんかそっちに放っておいて、この場所に戻るがいい。そして聞こう。神行するコード、今再び、と。〔さて神行。あれこれ説はあっちへおいて、ここはここへ戻ろう。さて聞いてくれ。またも前神だ[*4]〕」。

1　*Scribbledehobble, The Ur-workbook for Finnegans Wake*, North Western Un. Press, 1961.
　　Jean-Michèle RABATE, "Lapsus ex machina", *Poétique* 26 (sur Finnegans Wake).

いかに読むか――ここで――ウォーバートンを？

　ここにおいて。「ここで」とは、たとえばウォーバートンを、**コレクション**〔シリーズ〕という名のこの奇妙な場において見出すことなのだろうか？　『試論』が数世紀後に（1744年から1977年までの年月が経っている）、「パランプセスト」と題されるコレクションの目録に再登場するのは偶発的なことではない。とはいえコレクションという枠組みを、可能な限り解読して示す必要がある。コレクションとは、テキストやテーゼ、テーマを集めたものだ（だがいかなる名において、誰の名においてそうするのだろうか？）。コレクションは、監修者の権威のもとで（他方でこの監修者という権威も、編集システムによって委任され管理されているものであり、編集機構それ自体も、イデオロギーや政治、経済などの諸々の決定事項からなるシステムによって委任され管理されている）、ある空間を開いては閉じ、境界を設定しながら道を開く。監修者は、個人の場合もあれば集団のときもあるが、喚起し、誘い、懇願し、招き寄せ、よく言われることだが、「物事をリードし」、分類し、決定し、あいだを開けて、**弁別する**存在だ。すなわち、あるものが産み出される（あるものを出版し、あるものに書かせて、ないしは好きに書かせて、あるものを現れさせる）と同時に、別のものが消される（別のものの動きを麻痺させて、抑圧し、とにかくそれを強制的に秘匿する）のである。現れるように仕向け、覆いをはがすのと同時に、クリプトが作られる（ウォーバートンはこのことを、彼なりの言い方で、『試論』内で実に正確に述べている。ウォーバートンは神官の行為がこの点にあることを認めている）。コレクションがひとつの集成としてまとめられ、ひとつの星座をなすカタログ的統一のなかで、ひとつのタイトルのもとで自らを確立することは、何かを追い払い、遠ざけることによってのみ可能となるのである。

コレクションという計画_{プログラム}は、何かを追い払う。

　計画_{プログラム}は、可能な限りの最大限の一貫性をもって、**なしうる限り体系的に、何かを追い払う。**計画_{プログラム}は、自らがなしうる限り、捕獲のために、つまり、奪い取り、我有化し、自分に同化させるために何かを追い払い、生きているテキストであろうと死んだテキストであろうと、テキストの力を手に入れて、その力や、あるいはさらに価値のあるものを再生産することを目指す。だがプログラムは追い払う。自らを捕獲するために、プログラムが捕獲しないもの、それが死んでいようが生きていようが、プログラムが遠ざけ、つまり（この「遠ざける」という語からも分かるように）、排除し、追い出し、あるいはいずれそのなかに飲み込んでしまうものを追い払うのである。

　なしうる限り、という点に注目すべきだ。というのも、プログラムの力はその本質上限界をもっているからだ。限界とは単に目に見える内と外とを分離するものではない。外に追い払われ、排除されるものは、つねに自らを**内部において代理表象し**（それゆえ別の解読が必要となるのだ）、内部のクリプトの上で働く。無力な監修者たち（プログラムのマニフェスト、およびそこで引き合いに出されているあらゆるものと一緒に組織されている意識）がはねつける（追い払う）こともできず、やむをえず優遇さえせねばならないようなものが、密かに、内部で、決定的に増加していく。これこそが「コレクション」においてわたしの関心をひくものである。この内蔵された隠れた力を代理表象するものが、プログラムを地下に収めつつ乗り越え、プログラムを脱線させる。

　つまり、複数のエクリチュールからなるコレクションは、（別の意味の方へ、あるいはひょっとしたら、ある意味を越えた彼方へと）何かを追い払う。だがそのとき、コレクションは方向性を失い、その歩みは制御不可能になる。ひとつのないしは複数の法からなるシステムは、密かに続く脱線と横滑りのために存在しているのだろうか？　あらゆるも

のが、遺漏なく、そこから逃れることがないということをわたしは言いたいわけではない。意識的な計算や熟考の上での戦略、そして思い描く能力のなさを越えたところで、ひとたびなんらかの排除の論理が認められたとき、追い払われることなく逃れることができるような残余がなおも存在しているのではないか?

　こうした形でなされる問いは、ウォーバートンの著作が収められたこのコレクションにのみ妥当するものではない。コレクション(すなわち諸力が交錯する場のなかにエクリチュールを生産的な仕方で集めたもの)には、単に編集上の限界があるというだけではない。しかしながら、編集的な性質が、数多ある繋辞〔=つなぎ目〕のうちのひとつにすぎない、というわけでもない。わたしたちはここで、テキストのさまざまなコレクションを、すなわちエクリチュールの集積という見かけをもつさまざまなものを話題にしている。テキストを集積する編者の見解は、コレクションの監修のなかで、より直接的に示される。たとえば切手のコレクションや絵画のコレクション、昆虫のコレクション、石や服飾のコレクションなどとくらべて、そのときよりも(つまり、より一般的な意味でのテキストがいまだに問題になるのであって、それを精査する必要があるように思えたのだ)、テキストの編者の見解は、さらに容易に、さらに直接的に、さらに滑らかに示される。ある集合がテキストの集まりだと決定されるときに、その集合になにが起きるのだろうか?　まず次のようなことが起こる。集合における個々の要素は、もはや単なるひとつの要素でもなければ、全体における一部分として理解されるような単純な対象でもなく、集合より小さいひとつの下位集合でもない。そうではなく、個々の要素は、集合を支配する傾向を備えたひとつの力となる。個々の要素は、集合の支配にとどまらない力を持つ存在となる傾向を備えており、力によるヘゲモニーを部分的に先取って、法=掟を作り、述べ、命じる傾向を備えている。つねに過剰なほど個々の要素を閉じ込めようとする全体の輪郭から溢れ出す傾向を、それはもつの

である。そのとき、この力は先に場を占める〔＝先駆的に配慮する〕ものとなって、禁じられた領域に、先んじて侵入するのである。その力は、自らが一連の系列のうちにある単なるオブジェクトではないと告げ知らせるだけでは満足しない。テキストの力が存在する以上、セリーのなかに客観的な対象など存在しないということを示しているのだ。

　例をあげよう。フランスではじめて『試論』が出たとき、いやむしろ、フランスではじめて『試論』が出版されたときと言おうか、そのときに『試論』が出た、と言うことができるのか？　『試論』は発表される、だが、それはすでに、激しく改変され、衣をまとって、覆われ、力を備給されて、護衛され、切り取られ、再構成された総体という形のもとで現れる。まずもって『試論』は選別済みのものだ。それはウォーバートンによる一冊の書物、『モーセの聖なる派遣の証明 *The divine legation of Moses demonstrated*』の第二版（ロンドン、1742年）から部分的に取り出されたものなのである。抽出された部分が別の題名をもつことになった。その部分がある程度自由に翻訳された。というのも、厳密な翻訳というものも現代的な要求でしかないからだ。だが、訳者レオナール・デ・マルペンヌ[*5]は、選び、抽出し、翻訳するだけでは満足しなかった。ウォーバートンによって改訂され修正された版のひとつから選択をおこなった後で（選択部分は第四書第四節に相当する）、マルペンヌはその前に緒言を付す。選択された箇所は「ヒエログリフに関する」ものであり、マルペンヌはその箇所を「ほかの節から容易に切り離すことができる」と主張しながら、緒言を付すことの正当化を試みる。緒言は余白に置かれる（それは枠を設定し、夾雑物を取り除き、秩序を与え、器を作って、注意を与えるためにある）。「わたしは余白に概略を付記して読めるようにした。言説の秩序と順番がよりよく理解されるために」。余白がここでは注釈する秩序の力となる。次にマルペンヌは「参照の便宜を図って書物を複数の段落へと分割」した。けれどもそれだけでは十分ではなかった。マルペ

ンヌが豊富で長い注を加えた結果、『試論』の本文が1行しか載っていないページもしばしば存在した。しかしながらマルペンヌは、読者が「初めは論考の本文だけ読む」と望んだときでさえ——不可能なことに思えるが——「多くの注によって読者の関心が迷わされないこと」を望んでいる。マルペンヌは、数々の長い注によって読者が「恐れをなす」あるいは「うんざりする」のではないかという予測を退ける。さらに、いくつかの注には「補遺」という名が付けられる。しかし、マルペンヌはどこで歩みを止めるのだろうか。わたしたちはどこで立ち止まればよいのだろうか。とにかくその補遺は、「著者が指示しかしなかったことを明らかにするために、あるいは著者の主張を支えるため」のものだ。だが、はっきり言って、時折それは、方向性を変え、修正し、反論するためのものとなる。いずれにせよ、所与の主張はつねに、強く決定された意味のなかで重みを持つ。前置きをして（緒言を先において）、秩序を与え（余白に概略を付けて段落分けを行い）、守り支え（程度の異なる様々な注記を付し）、その後で、レオナール・デ・マルペンヌはテキストを**追わせる**のである。切断‐選別‐翻訳を隔てるいかなる境界も、無視され、開かれるがままになっている。つまり、マルペンヌは、ほかの著作家から援用したあらゆる補足的断片をも追わせるのだ。『学問的ヒエログリフをもつ古代についての考察』『中国の年代記についての考察』『中国における初期の書き文字についての考察』などがそうした著作である。これらの補足は、ウォーバートンの主張を根拠づけるためになされたわけではまったくなかった。

　あなたがたも、コレクションが「パランプセスト」と名付けられているからには、その表面にある付着物がこそげ落とされることを期待するだろう[*6]。もちろんそれは、エクリチュールに余分なものを付け加えるためにではなく、余分なものを攻撃して、厚みの下にあるオリジナ

ルのテキストの真正なる表面を復元し、まごうことなき処女出版の状
態にある正体を復活させるためであり、固有の署名のもとで正体を
留めているものをもう一度読ませるようにするためにそうするのであ
る。その正体は、レオナール・デ・マルペンヌの封蝋の下にあるウォー
バートンの公印だ。それはマルペンヌなしのウォーバートンであり、二
重写しの負荷もなく、教育的な枠付けという負荷もなく、弁明による競
り上げという負荷もないウォーバートンのことだ。

　たしかにそうかもしれない。だが、パランプセストは必ずしもその
ようなものだとは限らない。表面の汚れを落とすことで最初のエクリ
チュールに到達すると信じること、解釈を通じて解放された初版のテ
キストに最終的に到達し、地層に覆われてその下で生きていた真の
意味に到達すると信じること、これもまた、何かを実際に信じている
ことに変わりはない。つまりこれもひとつの信念であり、読書にまつわ
る誘惑なのである。ここではすでに「パランプセスト」に関する解釈
が作動している。それは解釈の抹消それ自体についての（不当に否
定的な）解釈なのである。その解釈は、真理の名のもとに、あるいは
処女性の名のもとに（最初の膜〔＝ヴェール〕があったはずで、それが
ウォーバートンを覆っていた、ということだ）、あるいは、わたしが別の
ところで用いた名を使うならば、処女膜性〔verginité〕の名のもとにお
こなわれている。

　処女膜性の誘惑。これこそが、おそらくこのコレクションのタイトル
が真っ先に問題にしようとしていたものであった。パランプセストに関
する処女膜的解釈を、再建すべき価値にではなく、脱構築すべき建
造物へと変えること、おそらくはこれがプログラムなのだ。そうなると、
正式な称号なのか宙づりにされた名前なのかはともかく、パランプセ
ストとは、コレクションのためのモデルではなく、解釈学的なすべての
処女膜性を越えたところで再解釈され変形されるべき対象となるだ
ろう。エクリチュールの余剰はつねに存在している。だが、その分析

は（それがもつしかじかの力を溶かすのは）、ただそれに余分に付け足すことによってのみ可能なのだ。これこそ原－エクリチュールが意味することだ。原－エクリチュールとは考古学の対象となるような最初のエクリチュールのことではない。そうではなく、それはつねに、あまたあるエクリチュールのなかのひとつのエクリチュールであって、すでに地表に直に存在している。『試論』はすでに無限の厚みをもったパランプセストを形成していた。だがそれは実体的なものではなく、底知れぬ深淵であった。

　パランプセストのこうした反－解釈を考慮することで、地層のような分厚い断片を自由に用いることが、おそらくは可能となり、いまや時宜を得たものとなった。最初にその断片がわたしたちに、すなわちフランスにおいて受容されたのも、とりわけ『百科全書』とコンディヤックによって引用され、書き写され、敷衍されたからだ。ひとたび『百科全書』の項目「書き文字〔＝エクリチュール〕」や『人間認識起源論』のなかに組み込まれると[2]、この断片の力は強められるのみならず、匿名や地下名義のもとに隠され、そこから派生した効果が増幅され

2　Madelaine V.-David, *Le débat sur les écritures et l'hiéroglyphe aux XVIIe et XVIIIe siècles*, SEVPEN, 1965, chap.VII., Michel FOUCAULT, *Les mots et les choses*, Gallimard, 1966, pp.126–7, Jacques DERRIDA, *De la grammatologie*, Minuit, 1967, pp.120, 129 (sur les «processus de thésaurisation de capitalisation, de sédentarisation, de hiérarchisation, de la formation de l'idéologie par la classe de ceux qui écrivent ou plutôt qui disposent des scribes»), 385, sq. 402 sq, (sur Conidillac et Warburton). «Freud et la scène de l'écriture», in *L'écriture et la différence*, Seuil, 1967, pp.308–310. *L'archéologie du frivole*, Introduction à *l'Essai sur l'origine des connaissances humaines*, de Condillac, édition et notes de Charles Porset, Galilée, 1973, Denoël-Gonthier, 1976.〔ミシェル・フーコー『言葉と物』渡辺一民ほか訳、新潮社、1974年、137–138ページ（改版新装版、2020年、145–146ページ）。ジャック・デリダ『グラマトロジーについて』足立和浩訳、現代思潮社（現代思潮新社）、1972年、上巻165ページ、179–180ページ（「書く者たち、いやむしろ代書人を使用する者たちからなる階級による資本蓄積、資本化、定住化、階層化、イデオロギー形成」について）、下巻248ページ以降、273ページ以降（コンディヤックとウォーバートン

て、観念論的網目のすべてを通過して、その断片を観念学派たち[*7]のところにまで運んでいった。それは果てしない道行きであり、価値評価が困難な資本蓄積の過程でもある。水路がひかれ、水があふれ、また合流する。だが、地図でその流れをたどることは、長い間困難だったことだろう。かつてわたしは、この歴史とソシュールの『一般言語学講義』の歴史とを、特定の点において比較することを試みようとしていた[3]。

けれども、そうなると、なぜそれに付け足すのであろうか？　あるコレクションの枠組みにおいて（その枠組みはつねに、どのように読まねばならないのかについては少ししか語ってくれないのだが）、マルペンヌの機械と増殖するその配管が、序文、およびそれに続く序論、さらには数々の注記やその他諸々を装備するとき、あわれな貧しい本文に、なおも息をするチャンス、すなわち、自分自身を読ませるために身を捧げるチャンスは残されているのだろうか？

そういったわけで、今ここでは理論的、政治的、およびその他の理由に基づいているが、そういったわたしたち固有の理由に則って、『試論』にまで到った歴史の分析を始めなければならない。『試論』自体もその歴史に従って現れ、わたしたちのところに到来したのである。

そしてそれについては、先述した「追加による複雑さ」を想起せねばならない。もしあるテキストが、（息をすることがどれだけ苦しいものであるとしても）ただそれのみでは決して息をしないものであるならばどうだろうか。もしテキストが、ペンによって刻まれることなしには、自らを処女のように無垢なものと思わせることが決してなく、また、無垢

について）。ジャック・デリダ「フロイトとエクリチュールの舞台」谷口博史訳、『エクリチュールと差異〈新訳〉』所収、法政大学出版局、2013年、420–422ページ（三好郁朗訳、旧版『エクリチュールと差異』下巻所収、法政大学出版局、1983年、76–78ページ）。ジャック・デリダ『たわいなさの考古学』飯野和夫訳、人文書院、2006年。〕

なまなざしに自らを捧げることもないならばどうだろうか。もし、そのテキストを読解することがつねに欺かれ丸め込まれるような経験であって、臨検〔立入検査〕[*8]のプログラムに服従し、力の備給（すなわち掌-握し、徴収し、再獲得し、差別し、剰余価値を与えることなど）に従うものであるならば、どうだろうか。もし、このスクリブルを（それは二重のスクリブルである。すなわち、スクリブルに対するスクリブルであり、魅惑であると同時に接触することであり、もっとも二重化された、もっとも両義的なものである）暴力的に展開することなしには読むことが存在しないとするならば、どうだろうか。もしテキストが、開発のために、初めから耕され、開墾され、掘り返されて、畝や溝を付けられた土地、ないしは枠付けされていた農地であったならば、どうだろうか。そのとき、テキストとは、通常知られているような領域や対象ではないし、少なくとも、別のところで領域や対象という名で知られて

3　これに関してわたしは、ソシュールの『講義』を対象にした方法論的に同一の議論を再び取り上げることになるだろう。Cf. *De la grammatologie*, p.107, n.38.〔デリダ『グラマトロジーについて』足立和浩訳、現代思潮社（現代思潮新社）、1972年、上巻150ページ〕。『ヒエログリフ試論』と題されたスクリブルは、それが明るみに出た最初のときから、発掘ないしは解読の最初の局面において、ウォーバートンの署名とレオナール・デ・マルペンヌの署名によって代理表象される二つの力のエコノミックな中間状態としてわたしたちの興味を惹くことだろう。二つの代理表象、二つの署名がひとつのテキストを奪い合い、両者は混じり、交錯し、互いの邪魔をしながら、テキスト（『試論』）の最初の効果をもたらす。わたしたちはそのテキストの道行きを、フランスでそのテキストが登場するや否や、——開始するだけではあるが——分析し始める。つまり、わたしは、指標となる例外的なものを取りだし、それを「オリジナルなもの」との関係においてのみ言及し、同定可能な隔たりを指摘することになるだろう。おそらくそのなかでも最良の例となるのは、ウォーバートンが用いた複数の単語（coverやvehicleなど）をマルペンヌが翻訳し、集約し、圧縮し、統一した際に用いた「覆い voile」という単語であろう。哲学素ないしは修辞学的権力から織り成されたひとつの単語を問題にすることによって、「翻訳者」によるイニシアチヴが取るに足りないものであるとか中立であるといった考えが間違ったものであることが容易に想像できる。とはいえこれは、わたしたちが提案する作業における最初の段階にある一例にすぎないのだが。

いるようなものではない。テキストというそのような農地〔pré〕は、占有〔occupation〕ないしは保存のためのあらゆる力に関係していて、その力を前もって占有〔＝配慮 préoccupant〕している。前もって、だが、つねに異なる仕方で、毎回判例のない法に従って、その土地は、自らを固有のものとして占有することについての問いを投げかける。**その土地はまた、自己自身を占有する。**そして、それが提示するものは、実際のところ、もはや問いではないのである。であるから、『試論』との関係から見た『モーセの聖なる派遣』と、ついで、すべての読解およびその読解に関するすべてのテキストとの関係から見た『試論』が、ある特定の様式のもとで、つねに、エクリチュールや読解、そこで作動し表象する諸力や、解釈学的な備給についての（政治的、宗教的、経済的、技術的な）諸法則に関する一般的な命題を主張している、と想定してみよう。そしてわたしたちはつねに、そうした仕方で、作られた先行者に先行されて負債を負っている、と想定してみよう。先行するものが網羅的で、真なる、決定的なものであり、絶対的な突出を享受していると想定するのではなく、ともかく、それに続いて行われる我有化がつねに先行するものによって通知され、繰り返ししるしが付けられ、説明すると同時に説明されていて、記されたことに抵抗して記され、書かれると同時に読まれていて、エコノミー的な約束事によって、その「対象」のプログラムとともにプログラムされるか、少なくとも構成をおこなうよう強制されているといった事態を想定してみよう。別の言い方をすれば、例えば今日、ここで「エクリチュールの政治的–宗教的権力」と題されるであろう問題が、『試論』を考慮することなく、あるいは、『試論』が属していて、『試論』がその対象として（それは自己自身を対象とすることでもあるが）作り出すことを求めるような資料体を考慮することなく、提示されることはありえなかったならば、その問題に関するあらゆる運動は、一種の救い難い捩れを被ることになる。テキストの運動はスクリブルの捩れの法則に触発され

るがままになっていて、わたしたちにできることは、その法則の可能性を垣間見させることだけなのだ。

　わたしの仮説を述べよう。そう、これこそが、まさに『試論』に起こった事例なのである。さらにこれは「コレクション」についての仮説でもある。ある「コレクション」は、パランプセストという称号のもとで、自らの対象を集め始めるが、この称号は単なる称号やモデル以上のものとなり、もはや単に対象を集めることにとどまることはない。コレクションは、自己を測定すべく努める。だが、そこには終わりがあるのだろうか？　どれほどの「追加による複雑さ」があることだろう？　パランプセストによる効果もまた、『エジプト人のヒエログリフに関する試論』の対象でもあるのだから。

　わたしはこの論考をここであえて中断する。

　わたしは自分のテーマを演習の舞台にあげよう。わたしは、わたしが書く序文、すなわち序文というジャンルについての習作^{エチュード}を、まさにここに続けて、字体を変えて始めることにする。

　表題の二つの問いの（発展した）形について、わたしたちはその向き
を変えることができるように思う。この形にはエクリチュールの策略が
内包されている。これは偶然ではない。この形をどのように迂回させる
ことができるだろうか？

　エクリチュールが権力に抗して**生き残る**と信じ（一般的にそう信じら
れているし、場合によってはそう書かれている）、エクリチュールは権力
と調和できるし、権力を補足して存続させ、権力に仕えることができる
と信じるならば、上の問いは、エクリチュールが権力に**到達**しうる、ある
いは権力がエクリチュールに**到達**しうるという思考をうながす。この問
いは、エクリチュールが権力**のようなものとして**同一視されることや、あ
るいはエクリチュールの誕生以来権力が認められるということを前もっ
て排除している。この問いは何かを補助しているのだ。つまり、この問
いは、次のことを隠蔽することを目的としている。エクリチュールと権
力という二者の共謀が属する掟や体制、中継がどれほど複雑なもので
あったとしても、両者が決して別々に発動することはないということが
隠蔽されているのである。

　さて、驚くべきものは、権力としてのエクリチュールではなく、あたか
もある構造の内奥からやってきて、エクリチュールを無能力なものへと
制限ないしは抹消するもののことである。けれどもこのことは別の箇所
で述べたので放っておこう[*9]。

　エクリチュールが権力に到達するわけではない。エクリチュールはま
ずもって権力のところにあり、権力を幾分か有しており、それ自体が幾
分か権力である。そこからはじまって、権力を取り戻すために、すなわ
ちしかじかの既定の権力を手に入れるために（例えば政治的な権力だ
が、それは模範的な場所にたまたま現れるものではない）、エクリチュー

ルと反エクリチュールは数々の闘争と闘争内の諸力に貫かれる。という
のも、この問題はまた、権力とエクリチュールに対する特殊な抽象化に
かかわっていたからだ。つまりこの問題は、ある種の政治的な操作を再
生する危険があった。この操作は、**あの**一般的な権力のようなものを批
判するために、あらゆる種類の権力を、有益な目的と区別がつかないも
のにする（それに続く帰結も知られている）。したがって、権力のための
闘争はエクリチュールと対立する。あわてて肩をすくめないようにして
ほしい。闘争の場は、そうなると、図書館や書店といった文人たちの領
域に制限される、などと思いこむこともない。それについては別の場所
で十分に論じられたので、当面おいておこう[*10]。とはいえ、文人たち
にまつわる政治的な問題、すなわちイデオロギー装置における知識人
の問題や、エクリチュールのトポスと貯蔵場所についての問題、特権階
級の現象に関する問題、「神官」の問題や法典の蓄積についての問題、
アーカイヴの実効性についての問題、これらすべてがわたしたちにとっ
て否応なく重要なものであるということは真実である。

　今日ここで、ウォーバートンのもので、真っ先にわたしの関心をひくも
のは権力の理論である。つまりわたしは境界線をひく読解を認め、それ
を正当化することを試みる。たとえば政治的な観点からそれを行う。『試
論』内で、言語そのものに関するもの、すなわち、エクリチュールの解釈
やその歴史の解釈、そこにおける変化するものと不変のものの解釈に
おける修辞学的図式や、偶像崇拝や夢判断の発生における使用に関す
るものは、それほどわたしの関心をひくものではない。もちろんこれら
全ては豊かで人を熱中させるものだが、その魅力は、それと同じ範囲で
存在している権力についての理論を曖昧にしておくことによってのみ成
立しているのであって、言い換えれば、権力についての理論を闇に葬
ることの「代償として」魅力を得ているのである。実際、ウォーバートン
はエクリチュールの歴史と一般的体系を提案するが、彼はそれをつねに
「観念学的〔イデオロギー的〕」で政治的−宗教的な権力の解釈に従って分

析している。概して言えば、それはイデオロギー的解釈であって、そのことは複数の指標によって知られる。

　これらの指標のうちもっとも一般的なものを**行為**〔＝身振り〕**のエコノミー**と呼ぶこともできるだろう。行為とエコノミーという家族関係にあるこの二つの語は、その道行きのなかで、離れては位置を変える。最初にあったのはどのような行為なのか？　そうして、いかにしてある**覆い**〔＝ヴェール〕が、それがつねに覆い隠していた偽装や策略、クリプト、性的な含羞や婚姻といった数々の価値とともに、権力に必然的に内包されるようになったのか？

　ウォーバートンの考えでは、言語とエクリチュールとは共通の家系に属していた。その家系は、起源以来、「身振り言語」を経由している。共通の系譜にあることを根拠に、この二つの「わざ〔art〕」のあいだで絶え間ない比較が認められる。この二つの「わざ」は、二つの権力として理解されねばならないし、またその権力は、ひとつの同じ家族、ひとつの同じ親族法則、ひとつの同じエコノミーの内部に等しく配分されたレトリックの力（比喩的なもの、ないしは形象的なもの）と、すでに類似の関係にある。「この二つのわざは、言わば兄弟のようにみなすことができるが〔ウォーバートンはこれを「姉妹のわざ〔sister-art〕」と言っていた〕、両者を比較することによってどちらにも光を当てることができるだろう」（『試論』第7節）。二つのわざの「比較」は、そこから絶え間なく投げかけられるであろうし、一方から他方への「影響」もまた、同様に問われるだろう。両者はどちらも図像−修辞学的「比較」の権力なのである。そうであるがゆえに、両者の関係は一方が他方の補佐というわけでもなければ、一方が他方の下女というわけでもない（パロールとエクリチュールの関係では「下女」と言われるのだが）。しかしながら、補佐的なものがパロールとエクリチュールの関係を事後的に決定したわけではないにせよ、なにがしかの補佐的なもの（一度ならず言わねばならないが、それは補足的なものだ）が、その最初の現れを、パロールとエクリ

チュールの関係のなかに記しているのである。

　実際、「音」とは、その本質として境界設定を行うものであり、またそれ自体が還元不可能な有限性なのだが、言語の力と図像の力の共通の起源である「身振り言語」は、そうした「音」が存在して以来ずっと自らの存在を知らせていて、人間のコミュニケーションのなかで理解されているのである。

　声の音は、決して十分な遠さまで達することがない。それは広がらない。音には広がりが欠けている。この帰結はほとんどパラドクスでもある。音は時間の持続に属するものであるにもかかわらず、音が十分に持続することは決してないのだ。音には、持続もまた欠けているのである。「わたしたちの観念を伝達するために、わたしたちには二つのやり方がある。第一に、音の助けを借りること。第二に、形象によって。実際、わたしたちの思考を保存して、離れたところにいる人にそれを知らせる機会はしばしばある。発せられた瞬間と場所を超えて音声が広がることはないのだから、人々は、音を考案したあとで、形象と文字とを発明し、わたしたちの観念が広がりと時間的持続をもつことができるようにした。しるしと形によってわたしたちの観念を伝えるこのやり方は、第一に事物のイメージを自然な仕方で線によって示すことにあった。たとえば、一人の人間ないしは一頭の馬の観念を伝えるために、ヒトや馬の形が表象された。エクリチュールの最初の試みは、知られているように、単純な絵画であった」（第1節、第2節）。

　したがって、音の有限性を除けば、最初のエクリチュールに先立つものはなかっただろう。だが、有限性というものが先立っているのではないか？　エクリチュールとは境界部にある有限性そのものではないか？その起源以来、エクリチュールは、これらの「しるし」によって、有限性を記しているのだ。のちほどすぐに見ることになるが、つまりそれはひとつの行為の「しるし」であり、無媒介的に話し言葉の境界を越える「身振り言語」という「しるし」なのである。

言葉における欠落は、言語が展開される音声的要素のみに由来する
わけではない。欠落は、意味論的ないしは指示的な側面にも現れる。起
源において、言語とは、否応なく、「粗野で、不毛で、曖昧な」ものだっ
たのではないか。この命題は『試論』内で公理に等しい価値を持つもの
であり、言語に関する進化論的で、自然主義的で、表象的で、おおよそ
線状性を有する大量の概念（それは大量であるのみならず熟考なしで
なされたものであったと言える）が、対価として払わざるを得ないもので
あった。「言語というものについて、古代の遺跡や事物の本性から判断
するならば、それは第一に、極度に粗野で、不毛で、曖昧なものであっ
た。その結果、人々は、新しいひとつひとつの観念や、常軌を逸した一々
の場合について永遠に困惑することになり、お互いに理解し合うことが
難しくなった。人々は自然本性によって、こうした欠点を防止するよう[4]
促され、話し言葉に対してそれに適合する意味を持った記号を付け加え
ることになる。結果として、世界の最初の時代における人々の会話は、
単語と行為とが入り混じった言説を支えにしておこなわれた」（第8節）。
　ここで言われる「行為」とは明らかに「身振り言語」であって（第9
節）、そこにはひとつの修辞学が仕込まれている。つまり、区別を行い
強力に働く諸形象という篩が教えとしてすでにそこに仕込まれているの
だ。聖書における東方から最初にいくつかの例が引かれているが、そこ
では予言者たちの言語や（「偽予言者が鉄の角を動かして、シリア人た
ちの完全な敗走を示した」などなど）、実際は翻訳されたものでしかな
い予言者の「幻視〔＝ヴィジョン〕」、つまり「幻視に変化した」行為の等価

4　ウォーバートンは「補う＝埋め合わせる supplying」と述べている。「［…］適切で意
　味をもった記号によって話し言葉の欠点を埋め合わせること。したがって、世界の
　最初の時代において、お互いの対話は単語と行為とが混じった言説を支えにし
　ておこなわれたのである。記号の音声に関する東方の文章はここから来たのであ
　る」。この最後の文章は、『試論』においては省略されているが、これは他の箇所で
　もよくあることであり、ときとしてひとつの段落が丸ごと省略されていることもある。

物や、**実践された**修辞学の効果などが問題となっている。つまりそのとき神は、「わざわざ親切に」「時代の用法に合わせて」ヴィジョンや身振り言語を語るのだ。

だが、この修辞学的「身振り」が根源的なものである限りにおいて、つまり、それが話し言葉のもつ原初以来の自然な無能力を根源的に補うものである限りにおいて、その上流や下流にあるいかなるものも、この場を越えることはできない。あらゆる場は身振りの場なのである。権力としてのエクリチュールの理論にその基盤と場所、意味を提供する、一種の一般化された「実用第一主義」が結果として生まれる。行為の概念は、一般的な行為（肉体的、技術的、政治的行為など）と、「身振り言語」という行為（同質的なものであれ、類推的なものであれ）のあいだの移行を確証する。行為を通じた表明は、表明という行為でもあるのだ。

この表明が、いかにして偽装になるのか？　この問いがわたしたちを待ち受けている ―― そしてそれこそがエクリプチュールの問題なのだ ―― だがそれを定式化するにはまだ早すぎる。

行為〔＝身振り〕のこの一般性に匹敵しうるのは、ただ**自然**の一般性のみである。自然の概念が、その両義性と力に満ちた資源とともに、この言説すべてを支配している。自然の概念による支配は、このような言説が属する歴史的‐理論的な布置すべてを組織する規則のなかでおこなわれる。

一方では、自然は、ある種の独断論との断絶を可能にする。啓示についての説明はもはや神学に頼ることはない。「...自然と必要とが［...］ヒエログリフのエクリチュールの多様な種類を作り出し、エクリチュールを自由に流通させたのである（第7節）」。「［...］言語というものについて、もしそれを古代の遺物や事物の自然によって判断するならば...」（第8節）。「自然によって、話し言葉は、自らの欠点を補うよう［supplying］導かれる。このことは、話し言葉に適合し、意味をもつ記号を話し言葉に付与することによっておこなわれる」（同第8節）。欠点もまた自然のも

のだが、その欠点を補うもの、すなわちここでは行為の言語としてのエクリチュールも、また自然のものである。自然が埋め合わされると、それは歴史となる（行為の歴史であり、言語の歴史であり、身振り言語の歴史である）。自然が自然自らを補う。自然は、もともと自らものである「欠点」を補う傾向をもつのだが、その欠点は、自然がそれを補うやいなや、つまり自然が自然のなかの人間に欠点を知らせるやいなや、もはや単に自然に属するものではなくなる。自然とは世界からの必要であり、世界からの秩序〔＝命令〕かつ取り決め（秩序あるいは創造）であり、本質（「事物の自然＝本性」）であり、神の摂理の目的性であり、科学的対象の条件なのである。

　だが他方で、同じくらい規則正しく、自然の価値は、キリスト教の護教、「真なる弁護」、「預言的書物の真なる弁護」（第9節）のために ── それは神に仕えるということでもあるのだが ── 供される。ここでの媒介は自然言語の形をとる。いや、いかなる時代錯誤に陥ることなく、日常言語の形をとるとさえ言えるかもしれない。預言のテキストにおいて、身振り言語という文彩は、もはや「常軌を逸した言語」からなると見なされることはないだろう。ある文化における通常の用法および自然に「固有の用法〔＝イディオム〕」と見なされるようになるやいなや、預言者の文彩は、不条理や奇妙、ないしは非理性的な姿をとることをただちにやめるであろう（同第9節）。言語の固有な用法、自然で日常的な用法において作用している修辞の文彩や、「身振りによって表明される言説」、絵文字（そしてその自然な発展の帰結としてあるヒエログリフと表意文字とアルファベット）、これらすべては、唯一にして同一の一般的な力、唯一にして同一の**自然の**システム、そしてアナロジーからなる類似した普遍的で巨大な連関に従属する。これが、お互いを比較する「比較」の力である。意味作用をもたらす自然のこの実践は、それ自体記号によって言明される。だがこれは結局のところ何かを言うと同時に何かについて黙ることへと帰着する。深淵にあるクリプトが、すでに、**自然によって**次のよ

うに自らを告げ知らせている。「わたしたちが、身振りによって表明される言説の例に出会うのは、単に聖なる歴史においてだけではない。聖なるものではない古代にもそうした例は満ちていて、それについては続く箇所で述べることにしよう。最初の託宣はそうした仕方で言い渡されたのであり、このことはヘラクレイトスの古い言葉から知ることができる。そこでは「王の託宣はデルフォイにてなされるのだが、そこで王は話すでもなく黙るでもなく、記号によって自らを表した」とされている。これは、古代において言語の代わりに身振りを用いることが自らを理解させるための日常的なやり方であったということの証拠である。さて、身振りによって思考を表明するこのようなやり方は、思考を絵画によって保存することと完全に一致する。わたしは古代の歴史のなかにあるひとつの特徴に気がついた。その特徴は身振りとしての言説と絵画的文字（それは最初のエクリチュールだ）の両者にきわめてはっきりと共通しているので、わたしたちはこの特徴が二つの表現方法をつなぐ鎖であり、両者の親近性の証拠であるとみなしている。アレクサンドリアのクレメンスが、この歴史を次のような言葉でわたしたちに残している。「シュロスのペレキュデース〔Phérecydes Syrus〕が語ったことに従えば、スキタイの王であるイダントゥラ〔Idanthura〕は、イスタール川〔＝ダヌベ河〕を越えたダレイオスと戦うに際して、ダレイオスに文字を送るのではなく、シンボルの形、すなわち、ネズミ、カエル、鳥、槍、鋤の形を描いて送った。このメッセージは話し言葉と書き言葉の代用となる（supply）ものだったはずで、わたしたちは身振りと絵画が混ぜ合わされた仕方でその意味が表わされるのを見た」（第10節）。

　ある様態、ないしはほかの様態でつねに現に存在している自然が、自立して現前し、自らを告げ知らせに到来したのである。

　行為〔＝身振り〕とは、自然においては**先んじて**保存されていたものがあること（*pré-gardé*）を表明するもの、あるいはそれによって生み出されたものである。自然のなかで生み出される「欠落」は、それでもなお

自然なものである。その欠落は自然の生産に固有の様態なのだ。自然は自らの欠点を予告する。自然自身をそのような仕方で先立たせ、自らを先行させながら。

　ここにおいて、**自然のエコノミー**について語ることが可能になる。行為とは何か？　行為のエコノミーに関しては、わたしたちは先の箇所ですでに問題とした。エコノミーとは何か？　と今は問う。なぜなら、自然とは、つねにエコノミーとともにあり、エコノミーのすぐそばにあるものであって、帰還を告げ知らせることによってのみ出発するものであるからだ。そしてこの自然は、自然に固有の法則と自然に属しているものの法則に従って、すべてを統治する。これがエコノミーだ。また、それのみならず、生産の様式とエクリチュールのシステムの進化をつかさどる自然法とは、エコノミーという語のより限定された意味において、**節約**と**縮約**の法則でもあるということもエコノミーを問う理由となる。意味作用の実践の産出量を向上させ、情報の保管場所とアーカイヴの預け場所のなかに場所を獲得することが、つねに重要なのである。それがエコトポノミー〔＝住まう場所の法 écotoponomie〕なのである。

　もし自然がつねにそれ自体として存在しているならば、自然の自己産出の比喩は、むしろ音声的なものになるだろう。自然の声というものだ。この点に至ると（全体性としての自然の比喩に至ると）、代理人が権利を取り戻し、音声中心主義を手に入れる。話し言葉と書き言葉がある意味同世代に属しているという主張によって反対され、転倒させられ、ないしは無力化され（これは家族的な系統関係についてのみならず情報機械についてもそう言われていたのだが）、自然と言われるもっとも一般的な比喩を通じて自然が自由に語るままになっているその瞬間に、代理人が再登場する。この事態は、そう、自然自らのごく近くで、声においてのみ、すなわち「自然の斉一な声」においてのみ起こる。言語とエクリチュールの歴史において普遍的な法則が存在するならば、つまり、ある国民と別の国民のあいだの類似した状態が、「模倣」によっても、「偶

然」によっても、「不測の出来事」によっても説明されないものであるならば、それはつまり、自然の声が、いたるところで、境界なしに、変質することもなく、あらゆる場所で同一であるからなのだ。「自然の斉一な声は、種々の人間の膨大な考えに対して語りかける」（第7節）。

　声のこうした先行性は説明される。たとえ比喩を通じることになっても、それは自らを説明する。語る技術と書く技術は「兄弟」ではあるが、言語は（人間において）有限なものであるため、しるしや形象、行為の言語はその起源以来必要とされていても、「わたしたちの考えを伝えるための二つのやり方」のうちの「最初のもの」が「音の助けを借りて」作られたということには変わりはない。長男、あるいはイギリス風の言い方をすれば長女の方が、自らを誕生させた自然により似ている。だがその性別については未決定なままである。即座に後続を従え何かを伴わせる「最初の」やり方は、それにもかかわらず最初のものなのである。たとえ人間の声がその有限性において即座に身振り言語やエクリチュールのしるしによって補われるものであるとしても、「自然の声」は、あらゆる場所で、絶え間なく、まさしく自己自身の比喩によって自らを補うのである。

　自然とは自らを生み出し、自己自身を与え、補うものであるのだから、別の言い方をするならば、自然とは話し言葉とその代用品であるエクリチュールを通じて、**自らにかけられた覆いを外し、真実の姿をあらわにする**ものなのだから、自然が歴史によって自らを**覆い隠す**（cacher, crypter）ことを、どう説明すればいいのだろうか？　そこでの歴史とは、言語とエクリチュールの歴史としての歴史（つまり膨れた帆による覆いがクリプト的なものとなり、暗号的な偽装となる）、科学、宗教、経済、政治の歴史としての歴史、「夢占い」の学や夢のなかで示されているような何らかの無意識的なものに関する歴史としての歴史のことなのだろうか？　これがここでのただひとつの問いである。ウォーバートン

はこの問いをそのまま提示する。彼はそれに返答する。今日のわたしたちにとっては、問いの可能性、問いの体系的な統一の可能性が問題となる。知として内包されたものやさまざまな具体例や回答、回答の内容よりも、その可能性の方が重要なのだ。問題の図式や、説明における概念の類型、諸領域を分節する際のスタイル（政治、経済、言語学あるいは書記法、修辞学、宗教、夢占い、など）を形式的な仕方で個々に切り離すことが重要なのではない。そうではなくむしろ、知の内容を問いの形式や分析手法に従属させるもののなかにある、適切な（権力と境界の）体系を、現在の言説によって探し当てることが重要なのである。現在の言説は、不当な仕方で発達したものであり、この体系（権力と境界からなる体系）によって、あるところでは進化を促され、別のところでは停滞させられたりもするのだが、とにかくそこでは、性急だが快適なあらゆる種類の時代区分や単純極まる境界決定はかき乱される。二つの（あるいは二つ以上の）走り書きのあいだの先駆的配慮関係、それがここでの「対象」となるだろう。したがって、わたしは自分が代書人として行った選択を認めるが、それはその価値を知らしめるためではなく、次のような問いを発するためにそうするのだ。つまり、なぜ今日、そうした権力**についての**問いが（識別されるべき古い語や、分析されるべき抽象化としての権力のことだが）、切迫したものとして執拗に、エクリチュールの問いとして詳細に論じられねばならないのか？　権力やエクリチュールに関して、そこからどのような帰結が導き出されるのだろうか？

　もう一度考えてみよう。あたかもあるカタストロフが自然の真実を変質させたかのようにして、すべては起こる。すなわち、知を表明し、知に仕え、知を保護するために作られた ── 知の方向性を護り、学問からの預かり物を護り、アーカイヴの布置を護るために作られた ── エクリチュールが、クリプトの中に置かれ、秘密として保管され、通常の用途から外れて秘教的なものとなる。透明なものとして諸法のコミュニケーションと都市の秩序に仕えるよう自然に定められたエクリチュールは、

権力が濫用されるための道具となり、「知識人」階級の道具となり、それによってヘゲモニーが確立される。ヘゲモニーが知識人のものであるときもあれば、特殊な力をもった者たちのもののときもある。要するにそれは書記の暴力であり、差別を行う保管庫であり、走り書きおよび書かれたクリプト〔scrypte〕の効果でもあるのだ。

　この自然の変質は、**覆い**〔＝**ヴェール**〕の（わたしが先ほど述べたように、ヴェールというこの語は、定期的にフランス語版『試論』のなかに回帰してくる）暴力的な効果、ヴェールで覆うことの暴力的な効果として記述される。それは、現前しているものや真理を**覆い隠す**のみならず、社会の車輪の回転や転回を**覆い隠す**。ウォーバートンはしばしば、この過程の成り行きを**転回**〔＝革命 révolution〕と名付けている。ある自然の転回がうまく回らなくなる。変質の（現実的な）効果は、当時対象として探求された文化（とりわけ古代エジプト）だけに限定されるものではなかったのではないか。それは同時に、近代のヨーロッパ人たち（とりわけキルヒャー）がヒエログリフやその構造と目的を解釈する際に犯した誤りや、その解釈を導きの糸にして言語とエクリチュールを一般的なものとして概念化する際に犯した誤りの原因にもなったのではないか。「試みは極度に困難である。なぜなら、ヒエログリフの最初の用途について考えるときに、エジプトの神官たちがヒエログリフを発明したのは彼らの学問を庶民から隠すためだということを信じてしまうと、一般的な誤りに陥ってしまうからである。ヒエログリフの発明に関するこの見解は、古代の文献研究のこの分野に関するはなはだ大きい曖昧さを広めてしまった。不明瞭な考えがあまりに広がったので、その誤りを完全に取り除くことによってでしか闇を払うことはできないのである」（「論考の目的」）。ウォーバートンは、神官たちが覆いをかけて「学知を隠す」ことを決して望まなかったと主張しようとはしていない。だがウォーバートンは、学知にかけられたこの覆いは根源的なものではなく、その意図も根源的なものではなかったと証明することによって、エクリチュー

ルの最初の原因（秘密）は偽装であるという誤りを「取り除く（覆いを外す）」ことを望んだ。キルヒャーの誤りは、それ自体が覆いの（現実的だが二次的な）結果なのである。現実の覆いを取り除いて自然の根源に回帰することで、誤った覆いも取り除かれるだろうと、そこでは考えられている。つまり、起源ないしは原本に遡ることによって、誤りの原因やそれが生じた必然性、法則を示すことさえできるだろう、というわけだ（「…ヒエログリフで書かれたものをその起源まで辿っていくことが必要となるであろう」（『試論』においては省略された箇所より））。

　なぜなら、それこそがウォーバートンの企ての（究極の）難点であり、謎についての謎であり、つまりは歴史についての謎であるのだ。つまり、覆われるというカタストロフは偶然のものではない。それは依然として自然のもののままである。エクリチュールの諸学に起こる解読上の誤りも自然なものであり、そのようなものとして解読されうるものでなければならない。

　神官とヒエログリフの二重の形象は、そこにおいて典型的な位置を占める。両者は明らかに、社会やエクリチュールのタイプとしては、一連の集まりのなかにあまたあるもののひとつでしかない。だが同時に、そこはエクリチュールの権力としての社会的権力の本質が結集しており、少なくともこうした権力とそこにおいて表象されているものの本質的な契機が凝集している。この二つの形象は分離不可能であり、同じシステムに属しており、お互いにお互いを構成し合っている。ヒエログリフのエクリチュールがなければ神官は存在しないし、神官の活動がなければヒエログリフは存在しない。エクリチュールの諸タイプが連続するなかで**中間**の位置を占めているヒエログリフは、のちに分かることだが、基礎となるような中間項であり、あらゆるエクリチュールの媒介であると同時にその一般的な形式でもあるのだ。ヒエログリフは二重に記されている。それはひとつの場所を占めると同時にあらゆる場所を占める。同じことは神官にも当てはまる。社会における非常に特殊なこの仲介人も

また、同じような場と機能を代表している。そこでは、学問的、宗教的、政治的、技術的、経済的諸権力が、自然の諸関係を転倒させるエクリチュールの梃子的な力として資本蓄積されているのである。

『試論』は、この批評〔＝危機〕的（カタストロフ的、クリプト的）転倒の周囲を旋回する。『試論』はこの転倒にリズムと構成を与えて統御する。『証明されたモーセの聖なる派遣』の第四部は、この点から見て忠実に再構成されているが、そのなかにある三つの部分がこのことを示している。第一の部分では一種の理想的な正常さが説明されている。すなわち、エクリチュールがその透明性のうちにコミュニケーションの機能（とりわけ諸法則の機能）とアーカイヴの機能（学問、政治の歴史、財政記録のアーカイヴ）を確証する際、エクリチュールが自然に派生することが説明されている。そのときの唯一の問題――そしてそれはエクリチュールの技術的な完成によって解決されるのだが――は、貯蔵庫に関する経済的な問題だけである。第二の部分は、自然が転回するときの中心的でカタストロフ的な瞬間が、第一の理想的な正常性を覆い隠すことを説明している。第三の部分では、夢占いの学と動物崇拝がその資源をすべてヒエログリフのエクリチュールから引き出していることが示されている。そうしたエクリチュールの存在は、エジプトにおいて諸学が太古からあったことを証明する。それは貴重な「内的証明」である。つまりヒエログリフのエクリチュールは、意味の入れ物やシニフィアンから切り離し可能な形式として知を包み隠すものではない。ヒエログリフが学知の内容を構造化しているのである。ウォーバートンによれば、他の民族がより便利で経済的な表記の体系（アルファベット）を身につけているときに、エジプト人たちはヒエログリフという彼らのエクリチュールによって彼らの学の宝を保護しようと望んでいたとされるが、このことも上記の点から説明できる。ヘブライ人たちの宗教と政治に関する著者であるウォーバートンの主張にとって、これは不可欠な前提である。またそれは同時に聖書研究を見直すための条件であり、「自由思想」に

対する戦いに身を置いていたウォーバートンが大いに配慮する点でも
あった。

　だからこそ、偶有的なものが必然的であるということを説明する必
要があるのだ。次いで、エクリチュールに**不意に出現した**覆いが、内部
にある何か特定の自然本性によって規定されてもいるということもそ
こで説明しなければならない。また最終的に、エクリチュールのこうし
た効果が二次的なものであると同時に本質的なものであるということ
も説明しなければならない。つまりそれは決して偶有的なものではない
偶有性なのだ。事態は単純ではない。覆いによって引き起こされた偏
見が、企てを「極度に困難な」ものにしてしまった。不意に現れるものを
説明するために、起源にまで遡らなければならない（「ヒエログリフで書
かれたものをその起源までたどる〔trace up hieroglyphic writing to its
original〕」）。
　もっとも単純で、もっとも表象的な（事物を表象する、「事物のイメー
ジをまったく自然に線で描く」（第2節）ような）エクリチュールは、その
起源以来、諸法と歴史を維持するべく定められてきた。それに関する最
良の事例はインカ帝国である。インカ帝国の絵文字（picture-writing）
は、国庫に収められた租税目録や、彼らの市民法の提要であったことが
実証されている。また、おそらく重要なことだと思われるが、この市民
法のもっとも詳細な部分は**婚姻法**〔jus patria〕を扱った箇所であった。し
かしながら、もっとも単純なこの段階以降、修辞法が絵文字を目の粗い
篩_{ふるい}にかける（スクリブルする、すなわち修辞法が絵文字を代書する）。
物体としての形を持たなかったものも、「他の重要な文字」によって表わ
された。神官の前にひざまずくインカの人は「わたしは告白する」という
意味を持つようになったし、王冠を戴く三つの頭は三位一体を意味する
ようになった。

絵文字からヒエログリフにいたる道行きには、単純な技術的−経済的制約が存在している。膨大な書物の次元を縮減して、情報の貯蔵場所を改良しなければならなかったのだ。技術の増大は三種類の省略を通してなされる。すなわち、全体を主要な部分によって表すこと、事象を（「実際のないしは比喩的な」）道具によって表すこと（神の学知をあらわす高いところに置かれた目）、ある事物を別の事物によって表すこと（宇宙を意味する円環状の蛇）の三種の省略がそれである。この三つの速記術的な表象は、知の増大という知を前提にしていたのである。これがウォーバートンの議論の前提であり、ウォーバートンはとりわけ三つ目の省略、すなわち「別のものとの微妙な類似、あるいは類比」を中心に論じている。

　わたしたちがその段階（第二段階、すなわち厳密な意味でのヒエログリフ的エクリチュールの段階）に達すると、「人々の行為や思考の記憶を保存すべく定められた方法」だけが問題となる。「秘密」という観点から織り成されるものはなにもなく、すべてが自然の必然性にしたがう。

　エジプトのヒエログリフが中国の表意文字へと移行するときにも、同様の経済的要請によって同じことが起こる。だがこの移行においては、節約する際の困難は、単に（ヒエログリフの中にまだ絵文字が残っているという限りにおいての）「絵によって書かれた巻物の膨大な分厚さ」のみに起因するものではない。中国人たちはそこに、限られた数のヒエログリフ記号を付け加えた。これらの記号はシステムの変更を強いる。すなわち、これらの記号は、エジプト人たちのもとではなおも保持されていたイメージを拒否して、そのイメージに「文字記号」を加えて拡張することを強いるものであった。中国の文字が「大いなる一歩」を踏み出した理由はこの点にある。中国の文字は「省略された記号」を目覚ましいほどの数にまで増大させるが、「それぞれの記号はほかとははっきりと区別された観念を持っている」。言語に左右されない仕方で、中国の文字は異なる言語を話す諸民族によっても理解されるようになり、それ

によって「絵画のようなエクリチュールに備わる普遍的な性質」を持つようになった（第4節）。

けれども絵文字が（それはすでに修辞学によって代書されているので）**すでに**ヒエログリフ的な性質をいくばくか帯びてしまっているのと同じく、中国の表意文字もヒエログリフ的側面を**依然として**有していた。つまり中国の文字は「より省略され、より洗練されたヒエログリフ」なのである（同第4節）。「…これらの新しい文字は、なおも真のヒエログリフであり続けることはない」（同節）。つまりヒエログリフはまさしくエクリチュールの典型的な中間段階なのであり、エクリチュールの中間媒体〔＝メディウム〕であり、原基であり、種でありかつ属でもあり、部分でもあり全体でもあり、要するに一般的エクリチュールなのである。

しかしながらそれでも、ヒエログリフは〔アルファベット的〕文字以前のひとつのエクリチュールであった。いや、〔アルファベット的〕文字に移行したとしても（「というのも、〔アルファベット的〕文字とは、中国の記号の後で生じるべく残された最後の歩みなのだ」（第5節））、ヒエログリフの法則と断絶するわけではない。中国の記号は「一方でヒエログリフの性質を持っている」が、「他方で〔アルファベット的〕文字にも属している」。最後の一歩であるアルファベット的文字が、「絵画の状態からはじまり文字の状態で終わる、単純な段階を通じて進むエクリチュールの一般的な歴史」を完成させる。アルファベットの利点は、それがなおも**速記術的**なものであることにある。アルファベットは、語句のなかで、より緊密でより**厳密な**意味をもつ。中国の記号は、すでにアルファベット的文字と非常に「隣接した」ものだったので、アルファベットは、その本質的な性質を変えずに、ただ数および占有する場所を狭めるだけでよかった。アルファベットは「数の多さが引き起こす面倒だけを減らした、簡潔な省略文字である」。まさしく、わたしが別のところで緊密構造〔stricture〕と名付けた法則が[*11]、一般的なエクリチュールの歩みとして示されていたのである。この法則は、『試論』中では時折そう見えるかもしれないが、

線状的で経済的で連続的な単純性をもっているわけではない。このことはあまりにも明白だ。ここでは問題の所在のみを示すことしかできないが、この問題はさらに深く進めていけるのではないだろうか。

したがってさしあたり、キルヒャーが信じていたであろうことに反して、この「エクリチュールの一般的な歴史」のなかには、いかなる深奥も、いかなる留保も、いかなる「神秘」も存在していない。絵画的-ヒエログリフ的な表象（事物の表象、感覚、「観念」）と、アルファベット的表象（語）とのあいだには、十分に分析されていない明白な断絶がある。この断絶によって、「文字という驚異の人工物」がもつ神秘とその聖なる起源とが確信される（断絶の構造がこの確信を作り出す）。新しいタイプの速記術が現れるたびごとに断絶の存在が確信されるが、単純な推移段階として分析されることはない。断絶こそが繋辞の効果であり、神秘の効果なのである。このことはアルファベットの出現以前にもすでに当てはまる。〔アルファベット的〕文字は、ほかの速記法に比べると、自然の必然性に基づいてそれが発生したことを隠している。その連続性も同様に隠蔽されている。プラトンとキケロもそこにおいてすでに誤っていた。両者はこのヒエログリフからはじまり文字に至る「自然で単純な進歩」に「注目」することはなかった。だが、この進歩は他の多くの自然の徴候に加えて、「**自然の事物のイメージと人為的な記号や文字を等しく意味する**」semeiaとsémataや、「**描くことと書くことを同時に意味する**」graphôという語が、まさしく語として証言している。つまり、エクリチュールという観点からすれば、自然と人為の対立などまったく適切ではないのである。

だが、この――偽のまやかしとしての――対立それ自体が、エクリチュールの効果でもある。そうなると、次のように論を進めることができるのではないか。すなわち、もし神秘と秘密が（それがもつあらゆる政治的-宗教的射程をともなって）エクリチュールのもとに**不意に現れた**のならば、その原因を外的なものだと考えることはできないだろうか（つま

り、「外的な原因」ないしは「その本性の外部にある原因」（第6節）であり、それが速記術の進歩の原因なのである。ウォーバートンの原文によれば「それらの一般的な本性とは関係のない、個別的ないしは特異な原因〔some private or peculiar cause unrelated to their general nature〕」とされる）。だが、この外部は自然法則の外部にあるのだから、つまるところ内部にあるということになるのではないか。このことを説明する必要がある。これこそが『試論』の難題なのである。神秘と秘密による**覆い**は必然的であり不可避なものであったということが説明されねばならない。だがそれはよそ者的な外部として、寄生的な外部として説明されねばならない。自然の必然性だが、同時に不自然な必然性でもあるもの。それがクリプトの必然性なのだ。自然がその本性上穿たれることを好むということは自然なことではないのである。

　エクリチュールの一般的歴史において、自然的つまりは普遍的な必然性がすべての民族に均一に課せられていないとするなら、その理由は様々なタイプの偶然性にある。ここでのウォーバートンの説明は、さきほどわたしが示した理由によって、必然的に混乱している。ウォーバートンによってそのようなものとして考えられたエクリチュールの一般的な歴史は、〔実際の〕歴史とほとんど影響関係をもたない。メキシコ人たちの帝国は絵文字から象形文字に推移するための十分な長さを持っていなかった、と言わねばならなくなる。また、中国人たちも（別のタイプの、一見したところそれ以上に内在的な説明だが）、彼らの「創出する才能の乏しさ」と外国人嫌いとが理由となり、文字にまでたどり着かなかった、と言わねばならない。

　それゆえ、法則の自然な必然性を、選択や技術に頼らずに証明するためには、迂回が必要とされる。この場合は、迂回は話し言葉の起源と歴史を経由してなされる。その途上では預言者の言語に関する自然で合理的な説明が宗教を支えるだろう。自由思想家たちも、預言者たちの幻視をもはや狂気に満ちた非合理なものとはみなさなくなるだろう。

その説明は、身振り言語の必要性、すなわち「会話するための共通した馴染み深い方法」(第9節)の必要性を理由になされるであろう。預言者と同じく、神もその言語に頼ることができたし、あるいは頼らねばならなかった。預言者たちは「自分たちの国の固有の言語」を話すことで満足していた。この議論は自由思想家にも対立するし、預言者の言語に超自然的な性質を残しておきたいと望むキリスト教著作家たちにも対立する。

　二つの技術の並行した増大がみられる。言語が発展し、洗練されたものになるにつれて、ウォーバートンはそこでエクリチュールないしは身振り言語との類推関係に従う。たとえば、譬え話とはヒエログリフ的エクリチュールに「対応する」言説の一種である、といったように。つまり、二つの事例において、「ある異なる事柄の象徴」が「言外にほのめかされる」のである(第12節)。そこでは象徴的な置き換えが比較可能なものになるのみならず、エコノミー的圧縮も比較可能なものとなる。諸構造の分析において、節約的視点(エコノミー的仕組み)がもつ特権によって、置き換えよりも圧縮が注目される。つまり、おそらく、比喩にすることが注目されるのである。かくして、言語が洗練されるときには(それが語りのエコノミーだ)、人は「類似物」となる譬え話の過程に従う。ついで類似物は、中国の文字に照応するであろうもので、それが隠喩を作り出す。短縮法によって隠喩は「小さな類似物」となるが(同節)、それはまさしく絵文字が文字に場所を譲る、あるいは文字として自らを節約するのとまったく同じ仕方でそうなると言えるだろう。

　並行ないしは類推関係にあるこの二つの道において、分析は発生的な語りがもつ通時性に縮減されることもなければ、非歴史的で構造的な関係のうちに置かれることもない。ある種のエクリチュールないしはある種の言語は、より経済的でより時間的に後発するほかのエクリチュールが課せられたときでさえも、そのまま使用される。このことは、より細分化され、より柔軟でより忠実な歴史的な描写を可能にするだけではな

い。ウォーバートンにとってなによりも重要な事実をいっそう受け入れやすくするような解釈も可能にする。つまり、エジプト人たちはその相対的な不便さにもかかわらずヒエログリフを保持したのだが、その理由を、ヒエログリフそれ自体が、エジプト人たちの学知の宝庫だったからである、という点から説明することが可能になる。

　結局、古代人にせよ現代人にせよ、ヒエログリフが秘密や神秘、あるいは知のクリプト的な偽装に差し向けられていると考える者たちは誤っていた。ヒエログリフの発生の自然法則のなかには、そうしたことを指し示すものはなにも存在していなかったのだ。

　だがしかしながら、そういった解釈が**生じた**。ウォーバートンもこのことには異議を唱えていない。生じるべきでなかったものが生じたのだ。ならば、次の命題を、余白のうちにあえて示すことができないか？　つまり、それこそが、なにかが生じるときに生じるものがもつ構造、すなわち出来事の構造ではないだろうか、と。「**べきではない**」という文句は、「予見不可能な」出来事という形式のなかに住まわねばならないものの境界さえをも、（力および構造化しようとする力の作用によって）記述する。生じるべきではなかったもの、あるいは生じないはずだったもの（前者の問いに対してごくわずかだが直ちに必要とされる変換を施した）が、生じねばならなかったのであり、生じえたのであり、生じないではいられなかったのだ。そこにおいてつねに、エクリチュールと権力の作用が問題となる。ウォーバートンはこのことを主張しなければならなかった。すなわち、クリプトないしは覆いは、かつては生じるべきではなかったものだ（ある偶発事が付け加わったのだ）、しかしながらそれは、ある厳密な必然性にしたがって生じたのであり、逆にそのようにして生じたものが、そうしたものは本来予見不可能であるという説明の前提を無効化することもない、ということを。これこそが第二部でなされる、労多く困惑のうちにあるタスクだ。だがこれは同時に、そうであるだけいっそう豊かなものでもある。「いかにしてそれが生じたのか？」というクリプト

にまつわるあらゆる困難が、第一部と第二部のあいだの襞のなかで身を守っている。「エジプト人たちはかれらの学知を隠し、それを神秘的なものにするためにヒエログリフを発明したという古代人と現代人の見解は、今日まで異議を唱えられないものとみなされてきた。だがわたしは、そうした見解がいかなる正当な基礎をも持っていないということを証明したと思っている。とはいえ、エジプトの人々が最終的にヒエログリフを使用したことは確かなのだから、その事態がどのようにして生じたのかを検討する必要がある[...]」（第15節）。

いかにしてそれが生じたのか？　いかにしてエクリチュールが**覆われた**（包み隠されてねじ曲げられ、偽装されてよじり合わされ、仮面を被せられて、見せかけのものとなった）のか？　ウォーバートンはこの問いに対して、第一部でおこなった分析を再び取り上げて答えようとする。すなわち、今度はエジプトのヒエログリフだけを対象にして前の分析を**再適用**する。ここでの再適用はきわめて緻密で微細なものであり、それがウォーバートンの書における重大で危機的－批判的な瞬間なのである。歴史の上に影を落とした曖昧さの瞬間に（その瞬間についての）、ある種の戦いが始まる。

エジプトのエクリチュールの**4種類**（1. 象形文字的、ないしは比喩的な「象形文字〔＝聖刻文字〕」。2. 単純で比喩的な、あるいは神秘的で寓意的な「象徴」。3. 市民の事柄に向けられた「書簡文字」。4. 宗教的な事柄に向けられた「ヒエログラム」。最初の二つは物事のしるしであり、後の二つは文字である）を説明し、それら相互の関係（それはしばしば補遺的である（第18節））やそれらが引き起こした誤りを説明したあとで、ウォーバートンは覆いの問題に向かう。覆いとは物体や機械を覆うものである。それはエクリチュールの**運び手**〔vehicle〕である。エクリチュールは突然覆われ、異なる仕方で神秘という観点から働き始めるのだ。レオナール・デ・マルペンヌは次のように翻訳している。「それではヒエログリフがいかにして神秘的な覆いとなったかということを考察しよう」。

ウォーバートンの原文はこうだ。「次いで、ヒエログリフがいかにして**秘義の運び手**として使用されるようになったかを探求してみよう」。さらに、覆いや運搬装置の形象が、修辞学の修辞法、すなわち存在しえないメタ修辞学のなかで果たす役割を考慮するならば、この問いかけを発するやいなや、超コード化に結びついた秘密の襞が明らかにされる（あるいは覆われる）のである。

　そのとき、エジプトのエクリチュールの絵文字の起源から始まるすべては再検討される。覆いとは、連続的な移行であり、それは漸次的で感じ取れないものだ。クリプトというカタストロフは出来事のなかでは決して生じない。そこでは修正さえ明白なものではない。そういったわけで、この〔クリプト的破局という〕非－出来事は、固有の場をもつはずがない。**場は存在しない**。しかしながら、それは分析に対して自らを示し、ある厳密な状況に捉えられるがままとなる。言うなれば、それはまさしく場という効果を生み出す緊密構造〔stricture〕のなかに捉えられる。だが、それにもかかわらず、その場は不適切なものでしかない。というのも、カタストロフの「固有の場〔lieu propre〕」──なおも「場」と言うことが許されるならばだが──は、まさしく「固有のもの」と言われるヒエログリフ──そのもっとも進化した形は**比喩的なもの**だが──と、「象徴的なもの」と言われるヒエログリフ──そのもっとも進化していない形でさえなおも**比喩的なもの**なのだが──のあいだに見いだされるだろうからだ。覆いは第一のヒエログリフの第二の種類と第二のヒエログリフの第一の種類のあいだに、つまり第一のものの二つ目と第二のもののひとつ目のあいだに落ちる。両者には共に、**比喩的である**という共通の溶接部がある。エクリチュールの偽装、術策、不実さ、および場所と歴史の裏返しは、いまだに悲しき比喩〔tristes tropiques〕が引き起こすカタストロフなのである[*12]。比喩の転回は比喩に内在する。というのも、第一の転義は物事を明らかに示すのに役立つものであったが、第二の転義はクリプト化することに役立つものだったからだ。「それが、二種類の固有のヒエログリ

フの進化であった。両者は比喩的ヒエログリフの最終段階において象徴的なものに近づいていったが、これについては後述する。二種のヒエログリフには共通している点があった。両者はともに、あるものによって別のものを表していた。両者が異なるのは、比喩的ヒエログリフは物事を暴露することに役立つものであったが、比喩的象徴は物事を隠すことに役立っていたという点だ」（第23節）。一方から他方への移行は進化的であり、連続的であり、感取不可能なものであり、洗練を通じた複雑化を伴うものであった。レオナール・デ・マルペンヌはそれを**移行**と言い、ウォーバートンはそれを**転落**と言っていたが、両者ともに「感取不可能な度合い」を強調している。「次の例はわたしたちに、比喩的ヒエログリフが比喩的象徴の状態に移行する（転落する）のが、どれほど容易なことであったかということを知らせるであろう。永遠はあるときには太陽と月によって表象され、またあるときにはバジリスクによって表象される。エジプトはワニによって表されるが、かつては心臓が下に描かれた火のついた香炉で表されていた。二つの例において、第一の形象がもつ単純さと第二の形象がもつ洗練は、第一のものが知ることを用途とした比喩的ヒエログリフであり、第二のものは秘密のために創出された比喩的象徴であるということを示している」（同節）。比喩的象徴から謎的象徴へとなおも続く連続的な移行、およびこの移行が「感取不可能な度合い」を通じてなされるという事実も、証明の厳密さをそこなうものではないはずだ。この感取不可能性はまさしく隠蔽の条件でさえある。偽装は自らを偽装し、クリプトは自らをクリプトに収めて、自らをそのようなものとして決して知られないようにする必要がある。そのとき隠蔽するものの権力は奪取不可能なものになる。

　同時に、この感取不可能度合いは、第一の種類の「固有の」文字（象形文字）から最後の種類の象徴的文字（謎である文字）にいたるまで、ヒエログリフの全空間に及んでいるものの、全体的な共通点は見分けられないものとなる。人はそこに切断と転倒があると信じる。これが

共通する愚直な誤りの源なのである。連続性が見えていないので、人は転倒の意味をもはや理解できないのである。

　「感取不可能な度合い」の隙間のなかで、エクリチュールという覆いは、おそらく形而上学的なもののあらゆる歴史を収容し、隠し、**作り出す**。ここでの形而上学的なものは、ある種の比喩的なものとして翻訳できるだろう。そうであるなら、形而上学的なものとは、自らが専有しているものの出来事内で起こる、エクリチュールという覆いの効果ということになるであろう。エクリチュールは、わたしたちが『試論』を読みながらそれについて認めるあらゆる領域において（のちに見るであろうが、歴史的、政治的、経済的、技術的、心的な領域すべてにおいて）自らを偽装している。テキストを捻じ曲げることとは、テキストに形而上学についての解釈（さらに一周して、この解釈自体が形而上学かもしれないが）を与えることなのだろうか？　確認してみよう。ウォーバートンが最初のヒエログリフと最後のヒエログリフのあいだにある「感取不可能な度合い」を指摘するときに、ひとつの例が現れる。どんな例でもいいというわけではない。それは「普遍的自然をしるしづける」ために到来したヒエログリフ（むしろ、直ちに二重化するので、二つのヒエログリフなのだが）である。普遍的自然はどのように書かれるのか？　ウォーバートンの言説のなかでそうした役目を果たす「概念」はどのように書かれるのか？　自然は、いやむしろフュシスは、いかに書かれるのか？　それは二度書かれる。一回目は、ウォーバートンが言っているように、**自然学**として（これについてはさらに考える必要がある）。もう一回は、**形而上学**として。要するに、形而上学は第一の比喩（象形文字）を**謎として**洗練させたものでしかなく、操作の総体は**象徴的なもの**のなかで展開される。「第一のものは、**多乳房をもつディアナ**〔Diana multimammia〕と一般に言われる形象である。もうひとつは翼の生えた球体で、そこから蛇が飛び出している。最初のものは、もっとも簡素な趣味をした象形文字的ヒエログリフである。第二のものは、神秘的な組み合わせによる謎的な象

徴である。しかしながら、この二つの謎のヒエログリフを発明した才能が異なる時代のものであったことを理解した上で、次のことに留意すること。すなわち、第一の形象では、普遍的自然が自然学的な仕方で考えられているし、後者においては、普遍的自然は形而上学的に考えられている」(同節)。

　ウォーバートンはここで、自然学的なものと形而上学的なものの対立というすでに伝統的に受け入れられていたものを用いているが、その対立自体が形而上学的なものだと言えるだろう。ウォーバートンは、自然学的なしるし(別の場所では女性的で母性的なものとしてコード化されている隠喩)と、形而上学的なしるし(男性的でファルス的なものとして分類されている隠喩)を対置するときにも、そのことは問わずにいるし、ましてや形而上学の起源について語ることもない。これは本当だ。とはいえ考慮すべき点として、以下のような事実がある。すなわち、1. ウォーバートンは単にエクリチュールを副次的なものにするわけではない。2. さまざまなヒエログリフの歴史は、ウォーバートンにとって、その政治経済的な条件と不可分なものであるのと同じく、意味と知にまつわる歴史とも不可分なものとして現れている。3. 隠喩はそこにおいて、本来的なものとして考えられている。こうしたことを考慮するならば、『試論』において、まさしく形而上学的なものについての形式的で一般的な描写、すなわち自然学的なものから形而上学的なものへと移行する理念化の過程についての形式的な描写を読解せねばならない。自然〔フュシス〕に覆いをかぶせるにせよ、自然を歪めるにせよ、そのことによって、わたしたちはそこにいっそう踏み込んでいくことになるのである。

　けれども形而上学の補足性はそこに限定されない。ひとたびエクリプチュールの洗練が謎の効果(秘密の語りの集中)としての形而上学的なものを生み出しても、ひとたびヒエログリフが「思考をオープンに伝達することをやめて、秘密を隠匿するための手段(秘義の運び手)となっ

てしまう」（第24節）としても、ある「いっそう顕著な変化」が、ヒエログ
リフになおも影響を与え続ける（「ヒエログリフはいっそう顕著な別の変
化をこうむる」）。この変化の本質は、補足的で逆向きの、転倒させる歪
み＝覆いのうちに存する。それは破局が破局を迎えることであり、歪
み＝覆いを詩節によって歪め覆うことだ。そこにおいて、抽象的な形而
上学的要素は隠喩となる。世俗の者たちにヒエログリフをアクセス可能
にするためにそうするわけではない。そんな風に素朴に考えてはならな
い。そうではなくそれは、「世俗の者たちをだますため意図的になされ
た付加」（同節）なのである。「ものごとをいっそう神秘的なものにするた
めに」（同節）、叙法と実詞がイメージによって表象されるのである。

　たとえば上記のことは、動物書記法を生み出す原因となる（率直さを
あらわすノウサギ、破壊をあらわすネズミ、学知をあらわすアリなど）。
動物書記法は補足的な複雑さをいっそう背負っている。この意匠は、先
の問題系と、エジプトのエクリチュールのなかに最初の例が求められた
「原初の語における矛盾した意味」の問題系[5]の推移に関係している。
「ものごとをなおいっそう神秘的なものにするために、動物ははっきり
と対立したいくつかの心理的様態を表現することに用いられていた。か
くしてハヤブサは上昇と下降、勝利や卓越などの意味をもつ。それとは
反対に、だが同じ理由で、ひとつのことがらが多くの異なったヒエログリ
フによって表される場合もある」（同節）。

　この非決定性が、支配者および神官による操作にとっては特権的な資
源となるであろう。支配者および解釈者による政治的−象徴的な操作は、
同じしるしのなかにある対立した意味のあいだで、あるいは同じ意味を
もつ別々の二つのしるしのあいだでおこなわれ、そこで働くのである。

　これがまさしく神官の規定である。神官はそこに自らの場をもつが、
目立たないように立って、その場を明らかにしないよう気をつけている。
（宗教的、政治的、学問的、心理的、などの）あらゆる権力が集中する
際には、このカタストロフのうちにある歪み＝覆いを経由することなくし

て、またしるしの操作における非決定性を経由することなくして、神官の意味作用に到達することはできないし、まずもって聖職階級自体に到達することもできない。

それゆえ、世俗の者は、もはや何から手をつければいいのかもわからなければ、知の主たる意味やその保管所、あるいは規定がどこにあるのかももはやわからない。世俗の者は操られ、迷い、外部からコントロールされた彷徨に置かれる運命にある。それはプログラムされたノマドとなる。このことは、ヒエログリフ的エクリチュールに関係する未来の解釈者たちにも当てはまる。キルヒャーがその例だ。数世紀に渡って、こうした解釈者たちが聖職者たちの権謀術数の犠牲者となる。**遠隔からでも**同じ作用を与えるのは、なぜならそれが彼らの権力の本性であるからだ。

定義上、その過程に終わりはない。「目覚ましい変化」という補足的な複雑さに、もうひとつの「変質」がさらに付け加えられる。つねに量を稼ぐために、つまり時間と場所を獲得するために、そうしてそれによって権力と知の使用権を一手に握るために、エジプトの智者たちは、**表象的な**価値をまだ有していたヒエログリフに替えて、「中国語」タイプの抽象的な「しるし」、すなわち一種の「現在流通しているエクリチュール」を用いる。確かに、この記号の抽象性と恣意性によって、意味されたものを前にして印づけるしるしの抹消が促進される。この抹消は「自然の結果」なのである。しるしの使用は「象徴に対して注がれていた注意の多くを減らして、意味されるものにその注意を固定した」のである。だが、これとは矛盾するが、そこにおいてはしるしの権力も増大したのであ

　フロイト「原始語のもつ逆の意味について」内のアーベルの仮説に関して〔フロイト「原始語のもつ逆の意味について」高田珠樹訳、『フロイト全集11』所収、岩波書店、2009年、205–213ページ〕。そこではヒエログリフの例に頼ることが論の本質を構成している。バンヴェニスト『一般言語学講義』、デリダ「フロイトとエクリチュールの舞台」(*op. cit.,* p. 326〔〈新訳〉443–444ページ、旧版下巻98–99ページ〕)。

スクリップル──権力/書くこと｜ジャック・デリダ　　　　053

る。もはや形象化を、すなわち表象的な形象作用や象徴の内容、要するに象徴に関するあらゆる知を想起する必要はない。たしかに注意はいっそう自由に「意味された物事」の方に向くことができるが、同時に、恣意的なしるしを、その最大限の圧縮のなかでいっそう自由に用いることができる。抽象化という覆いのもとで、恣意性と権力がかつてないほどに結合する。恣意性−権力と言うことさえできるし、同時に、恣意的な立場を掌握する者がもつ権力と言うこともできる。それは力の差異という形式のもとで、たとえば具体的な象徴に対して払われる**注意**のなかで生み出される。この注意が弱まると、つねに聖職者権力による支配に有利に働く。そして記号の恣意性によって開かれる明らかな自由とは、諸力による臨検〔立入検査〕であり、非−記号的な動機をもつもうひとつの別の体系への方向転換なのである。この点に関して、速記術的に言うなら、『試論』の射程は、「ニーチェの」時代やニーチェ以降の時代によって**単純に**乗り越えられたとは言えない。それらの時代においても、権力や力、エクリチュール、記号の恣意性、動機づけ、神官、あるいはほかの多くのテーマが問題となっているからだ。したがって、「わたしは次のように言いたい。それらの使用は、象徴に対して注がれていた注意の多くを減らして、意味されたものにその注意を固定した。この手段によって、象徴的なエクリチュールの研究は大幅に縮約された。以前は象徴として使用されていた物や動物の特性について学ぶ必要があったが、これ以降、象徴的なしるしの**権力**を想起する以外のことはほとんどなにもする必要がなくなった。一言で言えば、これはこの種のエクリチュールを減らして、今日の中国人にとってのエクリチュールがそうであるような状態にまでしたのである」(第26節)。レオナール・デ・マルペンヌは忠実に翻訳しているが──非常に長い文章を翻訳する際にしばしば決まってそうするように──「制度的記号」や制度的なしるしの概念や表現、その制度化に関することは消去している[*13]。この段落の最後の文章は、興味深いことに、ウォーバートンの次の箇所を簡略化したものであった。

ウォーバートンは「この記号は、**制度**による彼らのほかの**しるし**とともに、精神の観念を表示するためのものであり、文字を現在の中国語の状態まで減らすものだったのだろう」と述べていた。

このように、しるしの権力は恣意性の度合いにともなって増大する。すなわち、この権力の撚り糸が発するしるしが意味を前にして消去されていく度合いに応じて、しるしの権力は増大するのである。

ウォーバートンは、〔ロバート・〕ハンチントンを引用しながら[*14]、この権力あるエクリチュールの記念碑的な例、すなわち垂直的で、上から下へと読む、中国語に似たエクリチュールの例を述べている。それは魚の柱というものであり、原住民は単純に柱と呼ぶ。

こうして、まったく「自然で」「単純な度合いの変化」を通じて、人は現行の（ヒエログリフ的な）エクリチュールから文字的なものへと導かれる。つまり、「アルファベットによって簡略化された文字の方法、文字的なエクリチュールを形成した崇高な発明」へと導かれる。レオナール・デ・マルペンヌによれば、この発明はエジプトの王の書記官に帰せられた。だがレオナールは、注にトト（ヘルメス）の名は記したものの、ウォーバートンがプラトンの『パイドロス』にあるパルマコンの場面（間違った理由でテトへの敵意を宣言することになったタムス王に対してテトがエクリチュールを示す場面）を引用した段落は省略している。しかしながら、こうした自由な翻案のなか、レオナールは**治療**という語を前に出す。書記官がアルファベットを発明したのは治療法を探していたときだが、この治療とは言説の多義性と曖昧さに対する治療なのである。王の命令を地方の将軍や統治者にうまく伝達するためには、ものよりも語を表す方が効果的だった。「したがって、わたしは次のように思う。われわれの書記官は、それに対する治療法を探しているうちに、アルファベットを発明したのだ。書記官は、ものを表すためにではなく語を表すためにアルファベット文字を用いた。これによって、こういった場合におけるきわめて有害な不都合を回避し、書き手も自らの教えをもっとも明晰かつ正確

に表現できた」(第27節)。この権力的なエクリチュールはまずは国の秘密のために、より正確に言うなら国の手紙〔＝国書 les Lettres d'État〕のために用いられた。文字の名前を書簡的としたことはこの点に由来する。「[...] 確かに統治者は秘密の発明を保持しようと努めていたから、その時期においては、国の手紙はわたしたちの新しい文字がもつ確かさをまとっていた」(同節)。

　この仮説において、「秘密のために」また政治的な秘密のために発明されたのは、つまりは音声的エクリチュールであった。この音声的エクリチュールは、最初は話し言葉の非視覚的な（イメージなき）伝達手段として考えられていた。それは厳密な意味でのヒエログリフではなかった。たとえのちになって、転回のさなかで、その機能が交換されることが起こりえたとしても。
　政治的なコードは、本質的には、秘密のままにとどまることはできないので、「わたしたちが**政治的**と呼ぶことができるこのアルファベット」をなんらかの仕方できわめて迅速に二重化する必要があった。政治的ではあるが「神聖な」アルファベットがそこから発生する。あるコードの覆いが剥がされ、クリプトから引き摺り出され、公表されるたびごとに、権力の仕組みはそこからもうひとつ別の秘密で神聖で「深遠な」コードを生み出す。神官たちが権力と知に関与している限り、彼らがその自然な生み出し手となる。彼らはコードの代補を秘密にする。この人工的な倒錯もまた、この倒錯が生み出す神聖な秘密〔secret / sacré〕と同じく、自然の産物なのである。神官たちが政治的アルファベットを用いるのは「自然なこと」であり、その秘密が漏れたときに、彼らがそれに新たな秘密を加えたのも「それもまたいっそう自然な」ことなのである。「わたしたちが政治的と呼ぶこのアルファベットは、たちどころに神聖なアルファベットが創出される機会となった。というのも、エジプトの神官たちは統治に関わっているので、おそらく早い時期から秘密を知っていたか

らだ。神官たちはその時期、哲学の研究と深遠な思弁に浸っていたので、彼らの隠された学説のために秘密のアルファベットを用いた。だが、このアルファベットは、市井で多様な用途に供されることから、長い間秘密であり続けることはできなかった。だから、それが知られると、神官たちは自然に、新しい別のアルファベットを彼らのために作り出したのである」(第28節)。そしてこのことは、「ほとんどすべての国の」神官たちに対して（自然に、したがって普遍的に）あてはまるものであった。神官たちは権力と知に汲々とし、「自分たちのために知識を蓄えておく」(第32節)ことを欲したからであり、そうして、それによって同時に、自分たちの権力を確かなものにしようとしたからだ。

　エクリチュールの表音化が増大するにつれて、覆いという代補も増加する。なぜなら、アルファベットは、ものではなく語を意味するために使用されて、「語によってものを代用する」(同節)ものなので、民主化され、言語が「共通した」ものであるということを容易に暴露するからだ。そこから、コードの代補ともうひとつの言語という「二重の覆い」の必要性が生じる。「だが、個々のアルファベットがもつ単純な秘密は、共通する言語の単語においてそのアルファベットが用いられるようになると、すぐに明らかにされてしまったことだろう。したがって、神官たちは、自分たちのアルファベットを用いる個別の言語使用を創出して、二重の覆い(double cover)のもとで自分たちの学知を隠すことに成功したように思われる。そのときの代補の言語(「聖なる異言〔方言〕」)は、**エクリチュールを起点にして**作られたのであろう。エジプト人の言語とヒエログリフを関係づける図像的コードにしたがって、暗号化された名が割り当てられたのであろう。「自然な」言語においては、Yk は蛇を意味する。蛇はヒエログリフのなかでは王のしるしとなる。Yk は秘密の言語においては王を意味することになるだろう。ウォーバートンは、ここではマネト[*15]を援用して、言語の図像的起源について結論している。たとえば音声化といった、エクリチュールの自然な民主化は、すぐにクリプト的な

代補を、すなわち新しい言語、新しいエクリチュール、新しい言語を要求する。「このようにして、彼らのヒエログリフが、まったく新しい言語にとっての下地となった」（同節）。

　つねにさらなる覆いが、「物事の絶え間ない転回（incessant revolutions of things）」が必要とされる。なぜなら、クリプトが定期的に発見されると、また別のクリプトを創出しなければならないが、そのクリプトもまた新しいクリプトを必要とする等々といった理由があるからだ。その度ごとに、さらなる覆いを。「けれども、物事の絶え間ない転回の結果によって、当初は明晰さのため創出された同じ形象は、次の段階では神秘的な意味となり、ついには最初の用法を取り戻した」（第33節）。

　つまり、覆いの磨耗があり、二重の覆いの磨耗があり、覆いの二重の磨耗がある。使用することで覆いは磨耗し、徐々に覆いは共有された透明なものとなる。だが、使用によって剰余価値（plus-value）が生み出されるようになり、再び行われるその剰余価値の使用によって、今度は剰余覆い〔plus-de-voile〕がもたらされるだろう。この転回による磨耗はまた、言語使用の法則でもある。ウォーバートンは、「そのもっとも些細な進歩や変化でさえエクリチュールの運命に従う（「書き物と並走した〔ran parallel with writing〕」）」言語へと再び帰還する。アレゴリー（「言説による覆いと偽装〔covering and disguise to the discourse〕」）、比喩、謎、賢者の曖昧な格言などを横断して、ウォーバートンはこの並行関係を追求する。覆いへとふたたび帰ってくる剰余価値は、解釈者である神官の権力を増大させる。「この種の智恵にかけられた神秘的な覆い（cover）は、同様の覆いがつねにそうであるように、この智恵をあらゆる才能のなかでもっとも評価すべきものとした」（第34節）。だが、ヘブライの諺が示しているように、この智恵は、「偽造し、だます抜け目なさ」でもあるのだ。

　学知の要求〔＝必要〕ないしはそれへの欲望、学知への運動は、エクリチュールや言語使用によって**支えられる**ものではない。むしろ、要求が

言語に奉仕する。欲望は、権力のために、あらゆる権力のために追求された覆いの効果に仕える。学知は取引を通さずに来る。いや、より正確に言えば、学知はエクリチュールのクリプト的政治学のなかにある取引の効果なのだ。このクリプト政治学はある「純粋な要求」のなかにその起源をもつ。「エクリチュールの術を象徴的になるに至るまで完成させたのちに、エジプト人たちは、エクリチュールに洗練された学知の雰囲気を与え、それと同時に神秘的な覆いを与えるために（as to cloud it with a variegated obscurity）、存在するもののあらゆる個別の特性や、それらの様々な関係を研究して、ほかのものを表象するためにエクリチュールを用いようとした。話し言葉の技術に関しても、事情は同様であった。人々は、早い時期から、わたしたちが先ほどまで話していた様々な話し方を、比喩や形象で飾り立てはじめた。このことが、後代の人たちが後で比喩的な表現の起源について疑うようになった原因であるし、まさしく同じ仕方で、後代の人たちはヒエログリフ的絵画の起源も疑ったのである。だがどちらの技術も、その誕生は、純粋な要求と人々の無教養に由来している。すなわち語の不足と概念の洗練されなさに由来しているのである」（第35節）。「ほかのものを表象する」ことができること、（そのための）知を得ること、これが第一の行動〔＝身振り〕であり、最初の身振り言語もまた、**要求**〔＝必要〕に命じられるものであり、欠如から生じるものなのである（たとえば、語と概念が欠如しているということは、それはいわば表象するものがすでに欠如しているということだ）。権力、とりわけ神官が臨検〔立入検査〕する権力は、「ほかのものを表象する」必要性に由来している。そして権力は表象の敷居に現れる。表象によって欠如を代補する要求があるときに、神官が誕生するのだ。フェティシズムもまた、そのときに誕生する（「それを曇らせるために〔as to cloud it〕」は『偶像の黄昏』にフェティシズムの理論を導入するだけではない。それは、『資本論』において、市場、フェティシズム、宗教及び政治経済についての言説を支える「神秘的な雲」と「覆い」の運

動 (mystischen Nebelschleier) の理論も導入する[6]。動機は決して途切れることはない。恣意性は、一般的言語あるいはエクリチュールの**内的な**システムという幻想を作り出すことによって、権力と動機を偽装することを目的とするひとつの策略なのである。人はそこにおいて、今日においてもなお、策略あるいは素朴さという代補によってだまされるのだが、このことは、要求を構成する本質的な限界が理由となって、つねにどこかで同じことに帰着する。システムの上での細分化は、作動するものの内部を保護して、動機がより強力に作動していることを見えなくする。そしてそれがもうひとつの別のシステムとなる。この安全な囲いを合法的に飛び越えさせるものが、機能の**二重性**であり、それはシステムの内部に由来し、つねに起こりうるし、避けがたく起こるものでさえある。複数の例をあげることができる。1：「語の欠如」を翻訳する冗語法的な冗長さ。語の過剰は必要と欠乏によって動機づけられる。2：概念の洗練されなさを代補しながら、つねに二重の秘教的なものを過剰に負わされる比喩の二重化。ウォーバートンは比喩をアルファベット文字と比較する。つまり、そこにもまた、二種類の比喩、すなわち「人民の用法に属するものと、神官たちの用法に属するもの」が存在している。「明晰で知的な比喩と、曖昧で謎めいた比喩が存在していた。預言者たちの書いたものは後者の種類の比喩で満ちている」（第36節）。

　仮に覆いが根源的で自然なプロセスに無際限に負荷をかけるものであるとしても、ウォーバートンはこういった覆いのすべてを、言うなれば正常なものとして考えた。それは自然の規範がもつ正常な複雑さであり、エクリチュールに備わった自然な転回なのである。
　聖なるクリプト、ある政治的宗教の系譜、権力と知の方向転換、つまりある階級の覆いの下で、あるいは神官たちの服の下で織られたこれらのものすべては、魔術や迷信、あるいは魔力の瞬間においてのみ、倒錯となり、堕落となるのである。ウォーバートンが望んでいたのは、こ

の瞬間が遠くにある後々のものであり続け、不意にやってきたものであり続けることであった。それゆえ彼は危険な代補性のもつ冷酷な制約に立ち向かう。それについて彼は、その代補性が外から来るためには中で十分に作動していなくてはならないということを——認めたくはないものの、——しかしながら受け入れざるをえないのだ。ウォーバートンは際限なく「〜に加えて〔outre〕」と言わねばならない。「結論するにあたって、わたしたちは最後に、以下のことを指摘しよう。すなわち、古代のヒエログリフが被ったあらゆる変化に加えて、ヒエログリフは最終的に、秘儀のような倒錯した用途（a very perverse corruption）に用いられた。秘儀はエジプトの智恵のもうひとつの重要な源であるが、これは最後には堕落して（degenerated）魔術となる。まさしく同じことがヒエログリフにも起こったのだ」（第40節）。ウォーバートンはそこに、病的な倒錯や正当化できない否定性、矯正しなければならない純粋な彷徨を見いだすことを望んだ。なぜなら、この倒錯こそがまさしく宗教を迷わせたものであり、のみならず、学知、解釈という新しい学を迷わせたものだからだ。この倒錯が、たとえば、キルヒャーの解釈学的錯誤をもたらしたのであろう。キルヒャーは、エジプト人の智恵を、迷信や魔術といった堕落や、魔法の力、あるいは「魔法による汚染（magical pollution）」と混同したのだ。この「魔法による汚染」という語は『試論』では消えているけれども。

　いずれにせよ、ウォーバートンの主張とウォーバートンが自らと対立

6　　J.-M. Rey, *L'enjeu des signes*, Seuil, 1970, Bernard Pautrat, *Version du soleil*, Seuil, 1972, Sarah Kofman, *Camera obscura—de l'idéologie*, Galilée, 1973, *Baubô* (perversion théologique et fétichisme chez Nietzsche) in *Nuova Corrente*, 68–69, 1975–76, Jacques Derrida, *Nietzsche et la question du style*, in *Nietzsche aujourd'hui*, Plon 10/18, 1973, *Eperons*, Flammarion, 1977, *Glas*, Galilée 1974, p.231 sq et passim.
　　〔ジャック・デリダ、「尖鋭筆鋒の問題」森本和夫訳、『ニーチェは、今日?』所収、ちくま学芸文庫、2002年。ジャック・デリダ『尖筆とエクリチュール』白井健三郎訳、朝日出版社、1979年。〕

すると述べている主張との間の差異は、ささやかで、ほとんど感取しがたいものであるように思われる。いずれの側においても認められることだが、エクリチュールの権力はクリプト的‐秘境的‐政治的なものであった。そしてウォーバートンは、たとえエクリチュールが**根源的には**秘密となる宿命にはないと主張するとしても、このクリプト的な生成物に対してひとつの法則を認めるまでに至った。ウォーバートンに対して、この二つの主張の類似に反対することができないだろうか？ 彼は起源とは直ちに覆われねばならなかったものであると認めたが、この起源にまつわる問いをなしで済ますよう提案することはできないだろうか？同じ勢いで、エジプトの学知について主張されてきた古代性についても、それが相対的なもので厳密さを欠くと判断することはできないだろうか？ エジプトの学知は、ウォーバートンがあれほどまでに執着したものであり、彼は実際それを優先すべきものとして、少なくとも以前からあるものとして考えているのだが。

　ウォーバートンもこのタイプの反論を自らに差し向けるふりをする。「あなたは、ヒエログリフは秘儀のために創出されたわけではないと主張するが、ヒエログリフはその後でそうした用途のために用いられたということを認め、まさしく文字の創出以来ヒエログリフは長い間そうしたものであり続けたということも認めている。だから次のように言う人もいるだろう。すなわち、その創出者たちがヒエログリフに託したと認めているこの深遠な学知は、その学知が属しているとあなたが思っている古代よりもずっと後の世紀に属する作品であるということも大いにありうるのではないか、と」（第42節）。

　この反論に対する二つの回答がある。ひとつはウォーバートン自身がはっきりと述べた回答である。もうひとつの回答は、ウォーバートンの明確な主張を越えて、わたしたちが展開させることができるような回答だ。

　回答1. もしヒエログリフが、その始まり以来、学知の宝庫（「これもまた大きな学知の宝の保管場所」（同第42節））でなかったならば、もしヒ

エログリフが知と不可分でなかったならば、エジプト人たちは、文字を発明したときに、不便だからという理由でヒエログリフを捨ててしまっていただろう。「もしヒエログリフがあれほど褒めそやされた学知を含んでいないならば、また、もしヒエログリフが世俗の事柄についての単純な覚書にすぎないものであるならば」、技術的－経済的な法則が単独で発動し、単純かつ単調な仕方で、文字を優遇していたことだろう。ところが、エジプトの民は、「文字が発明された後でも**しるし**によって書き物を続けていた」唯一の民である。

　このはっきりとした回答にはすでに一般的な射程がある。アーカイヴの権力と歴史的－政治的秩序の権力はエクリチュールの装置のもっとも広範な構造のなかで接合状態を保っているが、この状態は認識一般に関わる権力に還元不可能なものである。接合は均質性を意味するものでもなければ、絶対的な共時態を意味してもしないし、無媒介な浸透も意味しない。それはあるものと別のものによる複雑な相互補強を意味しているのであり、ひいては学知の純粋な歴史が不可能であることや、学知とテキストをつなげる政治的、経済的、技術的なあらゆる装置を考慮する必要があることを意味している。このように、ウォーバートンは、少なくともその原則においては、発展における残存や鬱滞や偏り、あるいは彼が多大な注意を払っていた伝統の惰性を説明ないしは記述する複数の手段を己に課していたのである。見かけとは異なり、ウォーバートンの「進化主義」の原則は、単純な「経済主義」でもなければ「線状主義」でもない。

　回答2．二重の覆いの手前に戻ろうとすることによって、クリプトという効果を歴史的な準－出来事とみなすことによって、ウォーバートンは覆いやクリプトを自然化することを避ける。つまり、人がもはやその構成や構造、歴史的プロセスや技術－政治的動機について分析する必要がない第一の事実としてそれらをみなすことを避ける。ある種の自然主

義、またある種の護教論が、ウォーバートンがクリプトを非-自然化することを可能にしている。自然主義によって、ウォーバートンには、エクリチュールの秘教的-政治的クリプトの構造と発生とを分析する手段が**原理として**与えられる。これは同時に、ヒエログリフの科学的な解読に訴える手段でもある。こうして、ある構造物を分析する手段が、所定の条件のもとで、単に理論的なものにとどまらない脱構築を目指した行為の手段となる。だが、理念的な起源についてのあらゆる問いに含まれる自然主義が、自らが用いる手段を直ちに制限するということも確かである。この制限行為は、おそらく、『試論』を縁取る歴史的-理論的空間のなかで特定の形式をもっている。『試論』とまさしく同時代のものであるルソーの『社会契約論』や『言語起源論』、またその他多くの著作も、同じ作用を被っている。この図式は、**転落**の論理（原罪もその一例でしかない）を強要し、代補を偶然的なものとして扱うことを強要することによって数々の問いを開いていくものである。だがいずれにせよ、そのようなものとしてあるこの図式自体は、この歴史的-理論的布置から広範にはみ出しているのである。

　　あるひとつの不定の権力というものは存在しない。**特定の**しるしに関**わる特定の**権力が存在するだけだ。この単数形でさえ、なおもなんらかの神秘化のために使用される。つまり単数形は、複数の権力に対して複数の権力を対置することや、複数のエクリチュールに対して別の複数のエクリチュールを対置すること以外に何かができると信じ込ませることができる。あるいはそれによって、権力**の**（そして知の）統一性が、その統一性がどこで見つかろうと、その統一性がどんな力を表象していようと、つねに同一のものであるように信じ込ませることができる。

　　だが、一般的な闘争状態のなかでは、権力と知は、つねにその度ごとに互いに結びつきかつ互いにしるしづける諸力に結びつけられ、複数のものとして存在する。平和的な、消極的な、天使的な、あるいはアナーキーな言説も、それもまたつねに、神官の仕事の領域である。言

説を即座に位置づけ定住させる者は、自らの動きを周縁ぎりぎりのなかに制限する。

　学知の権力、国家の権力、経済権力、道徳権力、宗教権力など、**クリプトグラフィー**の**政治的な**制度は数多くある。さらにもうひとつ名を挙げておく必要がある。幾人かが、とある場所に、類推推理に落ち込むことなしに、ある体系に属する不変の痕跡を見つけた。それは**夢についての学知に結びつけられた制度**である。

　夢占いの学は完全にヒエログリフ的エクリチュールから生まれたものであり、それが学知の宝物殿の一部をなしていたはずだということをウォーバートンが証明しようとするときには、当然のことだが、またもや神官専用の神学的学知が問題となる。この学知は、今日の学問とは異なるものであり、学問という安全確実な道に関係していた権力以外のものをもたないような学問ではない。だが、認識論的切断という（政治的な）単純さを信じないとするなら、この「夢を解釈する術」の解釈のなかに、今日のわたしたちにとっても、なにか読み取るべきものが残っているのではないだろうか？　夢の学問と、エクリチュールと、学知一般と、権力と、聖なる特権階級によって代表＝表象されるヘゲモニーとの関係について当時の夢占いが語っていることのなかに、なにか読み取るべきものが残っているのではないか？

　もちろんウォーバートンは、エジプトの夢占いが真理であるとか有効であるとは思っていない。彼は単に、自分の一般的な主張を裏付けるために、夢占いはその知と権力をエクリチュールから得ているということを、はっきりそうとは言わずに浮上させようとする。のちにフロイトが『夢判断〔*Traumdeutung*〕』のなかでおこなったように、ウォーバートンはアルテミドロスを参照する。この人物は、夢を**思弁的なもの**（予言される出来事の単純で直接的なイメージ）と**アレゴリー的なもの**（解釈を必要とする比喩的で象徴的なイメージ）とに区別した。解釈者（彼らは「詐欺師」ではないものの、しばしばほかの人よりは「迷信深かった」）

の助言を求める者たちは、「既知のアナロジー」を求めた。「けれども、象徴的ヒエログリフ以外に、いかなるアナロジーや権威が存在しうるのだろうか？　そういったヒエログリフは当時神聖で神秘的なものになっていたというのに」（第43節）。つまりヒエログリフの宝庫は、解釈者たちに「素材」を提供したのだ。そして神官たちによる象徴の学知は「彼らの解釈の基盤として役立つ」のである。そもそも、アルテミドロスによれば、「夢のなかで見られる姿」と「象徴的なしるし」と「事物のはじまりの要素と原基」を示すために同じ単語が用いられている（第一原理〔stoikheia〕ないしは原基として翻訳されている）。「石の上と想像力の上に刻まれる同じイメージを表すために同じ単語を用いること以上に**自然な**［引用に際してこれも強調しよう］ものはなかった」（第44節）。

　エクリチュールの象徴的なしるしは夢占いの資源としてのみ役立っていたわけではなかった。夢占いは、問題をかき回すものではなく、緊急の必要に迫られてエクリチュールによって夢を解釈するものであった（だが、今日でも、クリプトグラフ的な問いをかき回すことで十分なのだろうか？）。これらのしるしは、動物崇拝や一般的な偶像崇拝に対しても強力な象徴的素材を供給した。これがウォーバートンの結論である。ここでもまた、ウォーバートンは、クリプトグラフ的計略を知の方へと推し進めていくよう主張する。エクリチュールによって隠蔽するためには、**知が必要とされる**〔＝エクリチュールを知らねばならない〕。そして代補的クリプトによる代用と際限ない超コード化がまさしく強迫的な足取りで進んでいく。「**エジプト人たちは**、動物だけではなく植物も**崇拝していた**。要するに、そのなかに特殊ないしは至高の性質があると彼らが認めるあらゆる存在を崇拝していた。それらは**象徴的なエクリチュールのなかに自らの場所をもっている同種の存在であった**。というのも、ヒエログリフが神秘的なエクリチュールとして役立つようになったとき、わたしたちが明らかにしたのは、エジプト人たちは、ある象徴が知られるやいなや、より隠された別の象徴を直ちに創出したということであった。そしても

しさらにそれを変える必要があるときには、彼らは三番目のものを代わりに用いた。こうして、彼らの神々の歴史を説明するために、動物界、植物界、鉱物界のほとんどすべてについての知識をもたねばならなくなった」〔(第45節)〕。

　したがって、神官によって表象される政治的‐宗教的な権力は、その力と素材をただエクリチュールのクリプトからしか借りることができないが、この権力は、最後には、つねに作動している穿鑿欲動[*16]を要求し、それを駆り立てるのである。ここにおいては何も分離できない。
　神官たちは宗教の創出者ではない。彼らは自然の宗教性を集積して、臨検〔立入検査〕し、自分たちの利益のために、特権階級およびその階級が代表＝表象するヘゲモニーのためにその向きを変える。しるしを崇拝し、聖なる表象と「しるしの方へ」向きを変えるのは「自然な」ことであった（第46節）。けれどもエクリチュールに関するこの自然なフェティシズムは、神官たちによって「援助され、維持され」た。神官たちはその点においてさえ神官であった。彼らは解釈学的であり、秘教的であり、神に関する学知を「より理解が困難な」ものにしようと努め、その学知を解釈者たちに割り当てて、「不敬虔な」「好奇心に満ちた精神」を遠ざけたのであった。この不敬虔な連中は、「悪意をもってエジプトの神々の系譜を疑問視し、神々の起源からほとんど遡ることもしなかったので、神官たちは、連中の信仰が広める危機を防ぐために、似たような議論がもつ難しさを増やすという方策以外をもたなかった[...]」。これほどたやすいことはない。その第一の理由として、超‐しるしづけと、それに続いて起こる本質的な過剰がある。「[...]それぞれの聖性を示すための、数多くのヒエログリフが存在していた」（第47節）。そしてある神官が「諸学知の歴史」や人間による発見、とりわけ第一に人間固有のヒエログリフの学知による発見を書こうとするときには、神官はつねにそこにおいて、起源が辿れないほど古い起源に神々を介入させる（第56節）。「神

格化の時代を確証することは、異教徒の神官による政治とはまったく対極のものであったので、わたしたちは、エジプトの神官が似たような過ちを犯した罪深き者であると考えるわけにはいかないであろう。そうではなく、神官は神格化の時代を既知の時間の彼方へと後退させるよう、あるいは少なくとも、起源が辿れないほどの長い時間が流れたと考えさせるよう努めたのである」。

　このプロセスを通じて、ここでもまた彼らは、代補を増殖させ、「神々からなる古代の神話に新しい寓話を付け加える」（第57節）。これは暴力的な手続きだ。覆いの力のおかげで、代補が地位を奪取する。起源にまつわるあらゆる説明、エクリチュールや神々に関するあらゆる説明、あるいは系譜学的な説明のもつ権力についてのあらゆる説明は、代補による覆いと一般的なクリプトグラフィーのこうした法則に従う。神官がこれらの説明を占有できたのは、ただそれがひとつの神聖な起源からあるものとして受け入れるふりをすることによってのみなのである。そして原初の要求の限界にむかってどれほど遠く遡ったとしても、そこにはつねにすでに、あるエクリチュールが、ある宗教が存在する。最初のテキストは存在しないし、それが書き込まれた無垢な表面も存在しない。そして、パランプセストが原‐エクリチュールのために裸の支持体となる物質を必要とするのならば、パランプセストも存在しないのである。

　　序文など存在しない〔あるいは序文の道〕。

なぜクリプトグラフィーの政治的な操作の本質が、新しい宗教を創出することにではなく、残存物を利用することにあるのか、すなわち、「彼ら〔＝政治家たち〕が見出した既存のものをより上手に利用する」（第61節）ことにあるのか。ここにその理由がある。これこそが「政治家の方法」なのである。

For the greater glossary of code… Everyword for oneself but Code for us all… Now gode. Let us leave theories there and return to here's. Now hear. "Tis gode again".

　「紙の語彙光を暗号しつつ」［…］「あらゆる語はそれ自身のために、だがコードはわたしたちすべてのために」［…］「さて神行。あれこれ説はあっちへおいて、ここはここへ戻ろう。さて聞いてくれ。またも前神だ」［*17］。

*1　ジェイムズ・ジョイス『フィネガンズ・ウェイクⅡ』柳瀬尚紀訳、河出文庫、2004年、124
　　ページ（*Finegans Wake*, Third Edition, Faber & Faber, 1964, p. 275）。

*2　ジェイムズ・ジョイス『フィネガンズ・ウェイクⅡ』246ページ（Ibid., p. 324）。

*3　*Scribbledehobble, The Ur-workbook for Finnegans Wake*, Northwestern University
　　Press, 1961, p. 138.

*4　ジェイムズ・ジョイス『フィネガンズ・ウェイクⅠ』柳瀬尚紀訳、河出文庫、2004年、
　　152ページ（op. cit., p. 76）。

*5　（マルク゠アントワーヌ）レオナール・デ・マルペンヌ（Marc-Antoine Léonard de
　　Malpeines, 1700–1768）はフランスの法律家。ウォーバートンの『試論』を翻訳・翻
　　案した人物。

*6　パランプセスト（パリンプセスト）とは、二重写本、すなわち元の文字が消された後で
　　その上から新しい文字が書かれた羊皮紙の写本を指す。

*7　観念学派とは、ジョン・ロックやコンディヤックなどの感覚論的哲学の影響を受けてフ
　　ランス革命期に興った哲学の潮流を指す。デステュット・ド・トラシーが代表的な存在
　　とされる。

*8　ここで用いられているフランス語arraisonnerは、通常「臨検」と訳され、船舶を停泊
　　させた上で行われる立ち入り検査のことを指す。デリダはこの単語のなかに理性
　　raisonという綴りが含まれていることから、理性の役割とそのリスクを表すためにこ
　　の単語をしばしば使用する。

*9　主に『グラマトロジーについて』に見られる、レヴィ゠ストロース批判やルソー読解の
　　議論を指すと思われる。

*10　〈訳注9〉と同様。とりわけ『グラマトロジーについて』第一部を参照されたい。

*11　ここで「緊密構造」と訳したフランス語strictureは、デリダの造語であり独自の概念
　　を示す。構造structureに似たこの単語をデリダが用い始めたのは1974年の著作
　　『弔鐘』からだとされているが、ほかにも1975年の『絵葉書』におけるフロイト論や
　　1978年の『絵画における真理』などにも言及が見られることから、この時期のデリ
　　ダがこの概念を重要視していたことがわかる。フロイト論の文脈では、この語はドイ
　　ツ語のbindenを翻訳したものだとされ、心的エネルギーに強い緊張を与えて快感
　　原則に則らせることを意味している。デリダはこの概念のうちに、縛り付けることにと
　　によってエネルギーを別のところに転移させ、散種にまで至らせる両義的な働きを
　　見出している。

*12　この表現は、レヴィ゠ストロースの著作『悲しき熱帯 Tristes Tropiques』（1955年）を
　　もじったものである。『グラマトロジーについて』において、デリダはエクリチュールと
　　暴力を結びつける問題をルソーからレヴィ゠ストロースにいたる系譜のうちに見出
　　す。デリダによれば、この系譜のうちに認められる音声中心主義は、ロゴス中心主

義や現前哲学の優位と一体化し、その外部にある暴力としてのエクリチュールの拒絶に結びつくとされる。『グラマトロジーについて』第二部第一章「文字の暴力：レヴィ＝ストロースからルソーまで」、日本語訳（1972年）下巻208–218ページ。

*13 「制度的記号」とは17世紀のポール＝ロワイヤル論理学によって提示された記号の観念である。ポール＝ロワイヤル論理学によれば、記号には光や鏡像などの自然的記号と、言語などの制度的記号があり、異なる法則によって統御されるものであるという。

*14 ロバート・ハンチントン（Robert Huntington, 1637–1701）はイギリスの聖職者、東洋学者。ダブリンのトリニティ・カレッジの学長を務めた。ウォーバートンが参照しているのは、"An Account of the Porphyry Pillars in Egypt"（*Philosophical Transactions*, no.161, p.624）とされている。

*15 マネト（Manethon）はプトレマイオス朝エジプトの神官・歴史家。ギリシャ語で『エジプト史（*Aegyptiaca*）』を著したとされる。

*16 穿鑿欲動（pulsion épistémophilique）はメラニー・クラインの概念。フロイトが提唱した「知への欲動」を拡張したものだと考えられている。

*17 〈訳注1〉と同じ箇所からの出典。

形象変化（象徴的なものの考古学）

パトリック・トール

ヒエログリフを**解釈すること**——解読ではなく。ここで問題となるのはシャンポリオン以前のエジプト学である。——歴史の始原を疑わざるをえないような解釈学の問いを終わらせることが、歴史にとってもっとも重要なことではないか?

　普遍史は、解釈のなかで作動する。

　というのも、もしヒエログリフが秘密と本質的な関係によって結びついているならば、また、もしこの秘密がひとつの**歴史**を回復するものであるならば、その歴史の神秘を強めようとする歴史家の暴力は、歴史家自らの言説が原初の抑圧の場であると自分に向けて示すことを避けられない。

　あるいはさらに次のようにも言える。ある特定の**解釈学**が、ある既存の瞬間に、(ヒエログリフという)その対象のなかに自らを再生産する手段をもった権力として歴史のなかに自らを書き込んでいることが明らかになったなら、また、この権力の起源の行為とは、ある**歴史の寓話化**であって、この行為は、そうすることによって、エジプト社会の組織さえをも基礎づける神学政治的な暴力が作動しているさまを明らかにしていることがわかるならば、そのとき、「**権力の起源は、歴史と真理との根源的に解釈学的な関係と同じものではないか?**」という図式を明らかにする**歴史**は、どのようなものになるのだろうか?

　神学と絆をもつあらゆる歴史は、それゆえ、定式化へと導かれることが可能かもしれないこの仮説が、自らの固有の審級への問いかけへと拡張されることを妨げることはできない。

　歴史的なものがもつこのあいまいな規定に対して、解釈の原理それ自体がここで問いを投げかけることになる。

インク、パピルス草、篩（ふるい）
（ホラポロンの37番目のヒエログリフ）

「この三つのものは、エジプト人たちの学問、聖なる書記、終末を示す。これらはエジプト人たちの学問を指す。なぜなら、エジプト人たちのところでは、すべて書くことはパピルスとインクによってなされるからであり、また篩は、パピルス草から作られたものだが、パンを作るための最初の道具であり、この篩によって、生活しているだけの稼ぎがあるものなら誰でも学問に専心するであろうことや、必要なものを欠いているものは別の術に専心するであろうことが理解されるからである。エジプト人たちが学知を「スボ〔Sbo〕」と呼んでいることはこのことに由来する。「スボ」という語は、豊かな、つまり十分な栄養を意味している。聖なる書記はインクとパピルスによって明確に示される。この聖なる書記はまた篩によっても表される。なぜなら書記は、篩が良い穀物と悪い穀物とを分けるのと同じように、生と死を判別するからである。書記はこの区別を一冊の本によっておこなう。その本は彼と同じ位階の人が結成した会によって守られていて、その者たちと同様に神聖なものである。エジプト人たちはその本を「アンブレス〔Ambrès〕」と呼んでいる。この本は、彼らにとっては、病人が寝床のなかにいるときのあり方によってその病人が生きるか死ぬかを知るのに役立つ。学問を表すインク、パピルス、篩は、また終末も表す。なぜなら、学問を学んだものたちは、人生の不都合にもはや動揺させられることはないような静かな港、幸福な終末にたどり着いたからである」(a)[*1]。

文字の分析とテキストの分析の、どちらを省略することもできない。というのも、文字においてはじめて、エクリチュールは自らを——ヒエログリフ的に——表象するからであり、また、テキストにおいてはじめて、エクリチュールは解釈されたものとして見出されるからである。こうした解釈を回避不能で決定的なものにしている理由は、この解釈が一般的なヒエログリフ的表象の様態を対象としているからである。この解釈を通じて対象の**あらゆる**形象化の構造が思考される。

　ここから以下のことが帰結する。すなわち、上記の注釈においては、コードの諸機能は、37 番目のヒエログリフによって示される**エクリチュールの表象の権利を設定する要素**として記述されている。このコードは、後の解釈の伝統によって、ヒエログリフ体系の基盤を構成する要素として、避けがたく同一化されることになるだろう。つまり、ここでの**解釈行為**とは、その始まり以来、エジプト人のエクリチュールにおける自己言及的なモデルの構成に介入している諸コードを同一化する手続きにほかならない。

　さて、ホラポロンの解釈を読むと、上記のように説明されたこのヒエログリフから、意味作用のエリアの一貫性と完全性とを条件づける錯綜した三つの体系を連続的に導き出すことができるように思われる。

（a）　「聖なるスカラベは神官たちの位階に属しており、それはアッシリア人たちのところにいる教説の解釈者たちも同様である。法の守護者達には教説を保持することが課せられているが、彼らは他にも議会における諸侯であり、そのような立場にあるものとして、常に王を助けるために、学知の傍にあり、助けを出せるようなところにいた。あるときには天体を観測して未来を予言したり、また別のときには、聖なる書物に関する考察に基づいて王が何をなしたかということを、常に美しいやり方で、解釈した。彼らはあらゆる負担を免除されて、君主に次ぐ最大の名誉と最大の権力を享受していた。彼らは王のように笏をもっていたが、その笏は農耕を賛えるために犂の形を模して作られていた。それはエチオピアの神官の笏のようであった」（ルキエ氏〔M. Requier〕訳『ホラポロンのものと言われるヒエログリフ *Hiéroglyphes dits d'Horapolle*』、1779 年）。

1. 形象化する体系

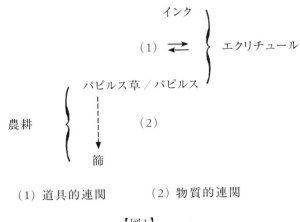

（1）道具的連関　　　（2）物質的連関

【図1】

　見たところ、ホラポロンによる注釈は、三つの対象の同一化に向かう。この三つの対象が、二つ目の対象の機能的な裂開を通して、筆記と農耕という二つの活動領域に対応する二つの**アプリオリ**に区別された圏域を示すに至る。

　諸形象の無媒介な参照関係のただなかで注釈によって打ち立てられるこの裂開から、下〔図2〕で同定されるようなコードの二重性が生じる（――わたしたちはここで、**無媒介な参照関係**、あるいは**形象化する体系**という語によって、ヒエログリフにおいて形象化された対象が属する物質的な圏域を理解するものとする。これは指示作用の過程における対象の記号的な機能のあらゆる分析よりも先にあるものである――）。

2. 形象化の体系

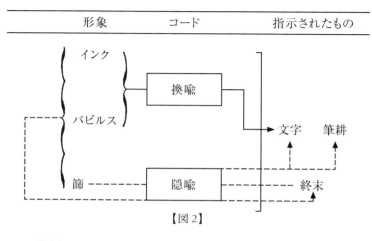

【図2】

17世紀および18世紀に絶え間なく作用していた**修辞学者**による読解について、まずわたしたちはここでその母体となる図式を作成した。この読解は、ヒエログリフ的形象化の基本的な仕組みについての体系的な記述を実行可能にする唯一のとば口としてまずは理解されねばならない。ここから理解されることだが、修辞学的なモデルに対する説明的な基準についての言語学的-哲学的な含意を近傍から追うことなしに、エジプト人のエクリチュールに関する前-科学的解釈について正確な報告をおこなうことはできない。いずれにせよ、修辞学的なモデルは、考察対象となる時代において、しかじかの対象についてのある種の理論化を思考可能にする唯一の手段であり続けた。現在のわたしたちには、まさしく歴史的な解釈という場のなかで、この理論化が引き起こしたものやその機能を研究する義務がある。

とはいえわたしたちの研究は、一種の経済的な表象については前もって考慮から外すことにする。

3. 形象化された体系（社会文化的図式）

　最初の二つの形象（インクとパピルス）を最初の二つの意味（学問と筆耕）と結びつける**換喩的なつながり**は——フォンタニエ〔の著書『言説の文彩』〕によれば、道具的換喩ということだが（*Les Figures du Discours*, éd. Genette, Flammarion, 1968, p.81)——はっきりしたものであって、これ以上述べる必要はない。

　だが、全体の図式は隠喩の作用によって複雑になっている。注釈によって、隠喩の作用自体に、**アナロジー的な**〔類比的な〕関係という翻訳が施されているのだ。

篩〔Crible〕　　　　　　　　　　筆耕〔Scribe〕
分離する　　　　　　　　　　**見分ける**（書物によって）
良い穀物／悪い穀物　　　　　　生／死

　実在する道具としては、篩は農業を示す。

　隠喩としては、篩は**識別する**力を連想させる。この力は、**文字や知**、および**解釈学的**能力にそなわるものであり、**書物**のなかで書かれていることと留保されていることを識別する。

　これと同時に、篩は譬え話という形で、農業と学知、すなわち物質的な生産の場と象徴的な生産の場のあいだの社会的な**区分**〔division〕を刻印する。しかしながら、最後の段階で知に到達するかどうかを決定するのは物質的規定であるという限りにおいて、両者がお互いにつながっていることもわかる。

　以上のことから、ひとつの閉じた図式が帰結する。そこではエジプト社会の有機的な働きの表象が秩序のもとに置かれる。

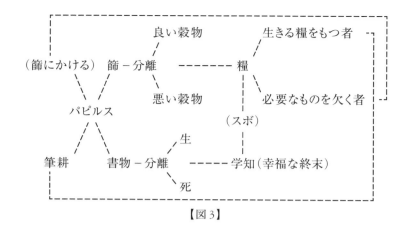

【図3】

　したがって、筆耕の原初の機能は、厳密な意味で密封された〔＝秘教主義的な〕自己反省性の図式を描くことにあるように思える。つまり、**エクリチュール**および書かれたものによる**解釈**は、篩の形象のなかに隠喩として書き込まれた滞留の空間の範囲を定め、円環へと閉じ込める身振りにしたがって、連続的に整理されるのである。

　ここからの以下のことが帰結する。すなわち、書かれたものとは、複数の本質的な差異をもつ秘儀〔秘密〕を濾過し、監督し、選別し、保留（あるいは貯蔵）して、神殿の書記、および解釈者がもつ裁判権や警察権という諸権力をひとつの**円環**の上で基礎づけるものとして表象されるのである。

このことに以下のことを付け加える必要がある。すなわち、

　先行するあらゆるものは、誤解を通じてのみ正当なものとして認められる。誤解、すなわち解釈における（意味的な）誤りを通じてか、あるいは——それよりはましだが、意味の解釈を通じてか、いずれかによって。

17世紀および18世紀に、ホラポロンの『ヒエログリュフィカ』の異なる翻訳が次々と現れたが、そのなかで、「篩〔Cribrum, Crible〕」という語によって置き換えられた元の単語はKoskinonである。Koskinonの第一の意味はまさしく篩なのだが、原著でこの単語が登場した箇所の文脈的価値を考えるならば、第二の意味である「板、パレット〔table, tablette, palette〕」にしか対応していない。しかもこのことはのちに、シャンポリオンによる『エジプト語辞典』のなかで、反論の余地がない仕方で主張されることになる。

347. ▭   Caractère figuratif représentant la Palette des scribes:

348   ⊞ , ⊞ , Caractère symbolique représentant un style ou Kalem Γ l'un au petit vase ᴓ à encre, qui contenant l'eau pour délayer la couleur, et à la palette ▯ portant les grains de couleurs noire et rouge; exprime l'idée générale écrire, peindre, lettres, scribe, scribe sacré &c. (Champollion, livre I. 98).

     ⊞ (cag, cgai, chai, cab), écrire, scribere, peindre, pingere, depingere.

347 書記の石板を表象する形象的な記号。

348 とがったものを表象する象徴的な記号であるΓに、インクの入った壺、あるいは顔料を溶かすための水の入った壺がつながっている。これはまたパレットにもつながっていて、パレット上には黒と赤の顔料の塊がある。この記号は、書くこと、描くこと、文字、書記、聖なる書記などの一般的な観念を表している（ホラポロン、第1巻、98）。

　　（caq, cqai, czai, caz）書くこと、書字をおこなうこと、描くこと、筆で描くこと、彩ること

（Champollion, *Dictionnaire Égyptien*）

さて、**篩の隠喩的な価値**は、神殿の書記たちの政治的 - 教育的活動に関する後代の言説の流れを総体として歪めることになるだろう。つまり、結果的に、この誤解は、ひとつの**歴史的解釈**の要素のように思える。この歴史的解釈は、選別し識別する**解釈学**の操作の結果を誤解のうちに認めようとする**権力**の表象が、起源から存在する真実であるとみなすことを目的としている。

　ヒエログリフ37番の**換喩的な**構成要素がもつ**透明性**から離れたところで、注釈によって与えられた**篩の隠喩**は、形象化の体系内部においてのみならず、形象化によって隅から隅まで組織された社会文化的な図式の中心においてさえ、識別を導入する。

　それ以降、ヒエログリフの体系の内部においても外部においても、問題は**隠喩の諸権力**によって提起される。

I. 修辞学的モデルの一般的効果：形象の範疇転換

　ウォーバートンの『試論』が、プルーシュ神父の『天体誌』[1]と論争関係にあり、また、それよりさらに前のキルヒャーの『エジプトのオイディプス』[2]とつねに明確な論争関係にあることは明らかだ。ここではこの論争関係を体系的な問いかけの対象にする必要がある。

　この論争関係は本質的なものである。なぜなら、ウォーバートンの主張の批評的な射程は、これら二つのテキストが先行しているという関係においてのみ存在するからだ。先行する二つのテキストは、歴史において象徴性が果たす役割およびその変遷や、政治権力の行使やその表象と象徴性との関係についての概念をさらに正確なものとし、いっそう強固なものにするために残されたものであって、両者はその限りにおいて役立っていた。こうした概念は、先行する二人の著者においても正確には同じ性質のものではないが、しかしながら、両者のあいだの親族関係を示してもいる。この親族関係の意味をもう一度はっきりさせることが今や重要なのである。

　『天体誌』は非常に複雑でありかつ特有の曖昧さがあるので、大まかな構成しか説明できないが、それは主に**偶像崇拝の諸現象における病因**を定式化する試みである。この定式化が、起源の絵文字的段階からはじまり、アルファベット記号を通常使用する段階に至るまでの**エクリチュールの歴史的進化**に関わる仮説の体系を通しておこなわれる。

　テキストのなかでは、この一般的な意図は、素朴な人類学的図式に則って構成された**記号論的仮説**と、**偶像崇拝の創設と進歩**におけ

1 　『詩人、哲学者、モーセの考えによる天体誌 Histoire du ciel, considérée selon les idées des poètes, des philosophes, et de Moïse』第1巻、パリ、1739年。

2 　『エジプトのオイディプス Œdipus Aegyptiacus』二折4素本（4 vol in-fol.）、1652–1655年。とりわけ第3巻『ヒエログリフの劇場 Theatrum hieroglyphicum』。

形象変化（象徴的なものの考古学）| パトリック・トール　　　　　　　　　083

るヒエログリフ的な知の**政治的**効果に関する歴史的分析という二重の側面から達成される道筋をたどることになっていた。さて、プルーシュの考えでは、偶像崇拝の発生において**記号的なもの**と**政治的なもの**を関連づけながら統一する原理は、**修辞学的モデル**の側で探求されるべきものであった。修辞学的モデルとは、プルーシュにとって、絵画的形象化の諸体系の進化を思考するために役立つものなのである。

　実際のところ、エクリチュールの進化にともなう変形の歴史的進行は次のような仕方で表されている。

1 ― 農業における生産のサイクルと、**神々の形象**からなる時間記号の一覧との根源的な相似変換。形象、告示、エンブレム、象徴、記号、痕跡、刻印、文字といった未分化の用語によって順々に示される表象的形象の陳列によって満たされた、活字一覧および一般的な標識体系がもつ告示と召集の機能。

隠喩

（テキストa, a′, bを参照）指示作用の系譜学は、その起源以来、類似（テキストa）あるいはアナロジー（運動の線的な把握における痕跡のアナロジー。テキストa′参照）の関係に基づいた**隠喩的図式**を出現させる。

2 ― この「**象徴的**」エクリチュールの射程を教育的かつ道徳的に拡張すること。歴史を記録および記念する機能。

アレゴリー

（テキストd参照）

3 ― **象徴の数の複雑化、多様化、増大**。補助記号的価値をもつ徴の増加。記号の形式の**多様化**と記号の数の**限定**という矛盾した要請。
　　飽和、過重、過剰。

これは、以下のタブローを構成するテキストとの関係で読まれなければならない。記号の通時的な理論と堕落に関する神学的パラダイム（第5の点）の心理学的再導入の境界で、プルーシュが象徴的なものの没収を馴化したということをここから認めることができる。この象徴的なものの没収については、キルヒャーはより率直に、これが政治権力の基盤のひと

4 ― **アルファベット書字の発明**。

5 ― 日常の使用において古代の書字を新しい書字で**代替すること**。注意と

記憶の拡大。神官および知者による古代の書字のコードの部分的な**保持**〔＝滞留〕。人民における古代の書字の理解の衰退、および象徴の生産に潜んだ合理性が感情によって変性すること。**イメージの濫用。**

つであると考えていた。ブルーシュのもとでこの操作が実効化されるのは修辞学的価値をもった表象によるのであって、この表象については、隠された理論的な分節化を記すことが目下の問題である。

転化表現　　（後の分析参照）

6 ― **解釈学によって奪い取られた歴史。形象の範疇転換と偶像崇拝の誕生。**

謎　　（テキストc および e 参照）

【図4】

「最初に生まれたのは子羊たちである。ついで子牛が生まれた。子ヤギは最後に生まれたが、これもいつものことだ。こうして、すでに大きくなった子羊は、春になるやいなや雄羊の後を追うことができる。子牛と子ヤギは思い思いに戸外に出て群れを大きくする。古代の人々は、春のあいだに次々と新しい群れが姿を見せる動物の名前を春の三つの星座に与えて、太陽の運行をこの星座のもとで示していることが容易にわかる。また、動物たちが生まれることで、社会の豊かさが形成される。人が一匹ではなく二匹の子ヤギを所有していたならば、その理由は、雌ヤギは通常一匹ではなく二匹の子ヤギを産み、二匹の子ヤギを養うために必要とされる豊富な乳を出すからであって、乳の量がその多産さに比例するからである。(テキストa)
(プルーシュ『天体誌』13–14ページ)

マクロビウス『サトゥルヌス祭』I, 17：「太陽の入り口と障壁とわたしたちが呼ぶ二つの星座に対して、カニと野生の雌ヤギの名を与えることになった理由はここにある、と彼は言う。カニという生き物は、後ずさりするか、斜めに歩くかしかしない。これと同じく、この星座に差しかかると、太陽は後退し、斜めに下降しはじめる。雌ヤギについて言うと、その食事をする方法は、かじりながら上の方のものを食べようとして、つねに上に上がっていくというものだ。これと同様に、山羊座のところにたどり着いた太陽は、その途上にある一番低いところを去って、より高いところへ上がっていこうとする」。(テキストa′)
(プルーシュ『天体誌』12ページ)

「あるちょっとした**形象**、あるいは単純な**文字**を人々に示すことによって、仕事に皆で

取り掛からねばならない時間や、祝祭が挙行されねばならない時間を、一挙に多くの人に知らせることについては人々の不満はなかった。こうした用法は非常に便利なものに思えたので、人々はその用法を少しずつ、暦の順序以外のことについても拡張していった。形象とその形象によって理解させたい事物とのあいだの類似の関係によって、人々になんらかの真理を教え、あるいは人々の精神にその真理を思い出させるための様々な象徴が考案された」。(テキストb)
(プルーシュ『天体誌』23ページ)

「確かにラテン人たちは象徴を定義して次のように述べた。象徴とは神秘的な意味をもつ記号であると。すなわち、自然の象徴とは、類似物を通してものの理解へとわたしたちの魂を導くように両者を媒介するものである。多くのものは、感覚を通して外から与えられると異なったものになる。このことは確かなことだが、ものの固有の性質は暗い覆いの下に隠されているのである」。(テキストc)
(キルヒャー『パンフィリウスのオベリスク Obeliscus Pamphilius』第Ⅰ巻第Ⅱ部第Ⅴ章、1650年、114–115ページ)

「あるものを言うないしは見せることによって別のものを理解させるこの方法は、東方の人々のあいだにアレゴリーの趣味を導き入れたものである。東方の人たちは、非常に長きにわたって、あらゆることを象徴によって教える習慣を保持していた。象徴は、神秘的な雰囲気によって好奇心を刺激する性質があり、さらにはそれが隠している真理を発見する満足感がそれを解読する努力を埋め合わせるようなものであった。

　東方諸国を旅したピタゴラスは、イタリアでこの方法について報告した。救い主もまた、無関係な者に対しては真理を隠し、彼にその解明を要求することで真理を深く愛する者たちを招き入れるために、しばしばこうした象徴を使用したのであった。(テキストd)
(プルーシュ『天体誌』24–25ページ)

「神官たちは象徴によって神秘を隠した」。
「聖なる文字とは、事物を教える神秘にほかならない」。

「エジプト人ピタゴラスは象徴を通じてすべてを教えた。
「キリストは寓話の形で多くのことを伝えた」。(テキストe)

(キルヒャー『エジプトのオベリスク Obelisci Aegyptiaci』、1666年、115–116ページ)

かくして以下のことが理解される。明白なあるいは隠れた類似や
アナロジーに関する程度の異なるさまざまな分析の試みがほかなら
ぬ理由となり、進歩的な**洗練**を介して**隠喩**と謎が結びつくが、だから
といって、隠喩に特有の機能がそこで歪められることはない。

　この点を強調する重要な理由は以下の点にある。すなわち、修
辞学がある形象に関する正当な**指示作用**の領域を画定するという
規範的な務めを自らに課そうとするやいなや、修辞学自体を危険に
さらすような区別が導入されてしまうのである。目下の場合において
は、隠喩から謎へと進歩しながら進行する同化は、アナロジーの照
合についての理解が洗練された結果である。この同化は、隠喩が自
らの役割の同一性のなかで自身の機能を維持することによって隠喩
のままであり続けながら**変性**していくことを引き起こすのではなく、**あ
まりにかけ離れた類似を対象としないならばその隠喩は自然なもの
である**と言えるという方向づけをおこなって、隠喩の**権利剥奪**を引き
起こすのである（ピエール・フォンタニエ『言説の文彩 *Les Figures du
Discours*』104ページ）[*2]。

　ある形象は、過剰な拡張によって、絶え間なくそれ自身でありなが
らも、国籍を剥奪されて**転化表現**となり、**強制的な流通**に呑み込まれ
て**濫用**の対象となる。この点において、フォンタニエの論は両義的な
立場をとっており、それに対してはのちに本論において理論的な解
決が探求されるだろう。

　「類似による比喩、すなわち隠喩について」という章で、フォンタニ
エは隠喩における**自然なもの**に関する規則を述べている。

　　　「もし隠喩が**あまりにかけ離れた類似**〔強調はトール〕を対象と
　　しない場合、つまり思考の通常の範囲を超えた類似を対象とし
　　ない場合、隠喩は**自然なもの**となるだろう」（フォンタニエ前掲
　　書同ページ）。

「純粋な転化表現としての比喩、つまり、結果として真ならざる形象となった比喩について」という章では、例を列挙した後で(「木の頭」「釘の頭」など)、フォンタニエは次のように結論づける。

「おそらく、いかに正しくかつ自然なもの〔強調はトール〕であっても、多くの無理な隠喩が存在する。つまり、多くの転化表現が存在する」(フォンタニエ前掲書216ページ)。

あまりにかけ離れた類似を対象とした隠喩(言表1)を、無理な隠喩(言表2)と名指すことができるとするなら、そこには矛盾がある。というのも、同一の隠喩が、自然の外に出たものでありつつ(言表1)、転化表現となることで、自然なものの内にとどまることになるからだ(言表2)。この困難を乗り越える手段は、そこで暗示されていたはずの、類似(フォンタニエ前掲書104ページ)とアナロジー(フォンタニエ前掲書99ページ)に関する区別をフォンタニエの議論のなかに遡及的に導入することであろう。もちろん、著者であるフォンタニエが、その区別を作り出さず、その区別によって可能になるはずの分別的な役割をその区別に与えることができなかったということは注記しておくべきだが。この仮説においては、(純粋な類似に基づくものではない)アナロジー的関係に基づく比喩こそが、正しく転化表現と呼ばれうるのであって、それなしでは隠喩と転化表現とのあいだの自然な連続性を解決することはできない。

わたしたちが到達したいと思っていたのはこの結論である。ここでわたしたちが手に入れたものを後で示すためにも、目下のところ、プルーシュ神父による(そして彼と同じ時代の伝統による)絵画的表意形象の解釈における修辞学的モデルの使用を可能な限り忠実にたどってみたく思う。その結論は、隠喩はそれ自身の内にそれに固有

の転化表現を含む、ということであり、また、隠喩は、自らを超えながら、その自然本性を変えることなく自然的なものの外に出ることができる、ということである。これによってまず、隠喩的コードに従属する形象は、その意味が徐々に混濁化し、程度の差こそあれ謎めいた色を帯びるというリスクを自然に冒すものである（まさしくこの意味において、わたしたちは先の箇所で、プルーシュの秘教主義における不十分な自然化について語ったのだ）ということを考えることができるのである。

　ところで、プルーシュのテキストのなかには、表象的形象の記号的同一性が二重に書き込まれているのが見出される。形象を、指示されたものとの模倣的関係――望むならば形象的と言ってもよい――において考えるにせよ（テキストb）、あるいは、その形象を記号として構成している隔たりないしは差異（さらには超過）のみを考慮するにせよ。

　　　「つまり、わたしたちはエクリチュールの誕生にはっきりと関わっている、というのも、これらの形象は、わたしたちの性格がそうであるのと同様、目が知覚したものとは異なるもので精神を占めていたからだ」（プルーシュ『天体誌』20ページ）。

この描写における二重のアプローチは、さらに重要な意味をもつ仕方で濃縮されて、アタナシウス・キルヒャーによるエンブレムの定義のなかに再び見出される。

　　　「したがって、エンブレムは知的なものである。目に対しては絵画であるが、魂に対しては別のものが示される」（キルヒャー『エジプトのオイディプス』第II巻8ページ）。

プルーシュ自身、何度も、すでに引かれた幾つかの単語とともにエンブレムという語を使用して、しかじかの場合に公衆への告示という仕

方で提示される絵文字のことを表している。

　この定義から以下のことが帰結する。すなわち、**エンブレム**とは、当初より**イコン的なもの**から**シンボル的なもの**への移行の概念を供給しつつ、それと同時に、基本的な絵文字によるメッセージ（pictura）が修辞学的メッセージに移行することを即座に（すなわちエクリチュールの起源以来）保証することができるものなのである。この修辞学的メッセージは、心的な地平において、形象化するコードの複雑化、あるいは多様化によってのみ、絵文字的メッセージから区別される。テキストdは、固有の修辞学的文脈のなかでこの推移を追求しながら、**アレゴリーに属する形象**と**謎に属する形象**（「神秘的な雰囲気」）、**寓話に属する形象**（キリストへの言及）が横並びの関係にあることをはっきりと示唆している。

　このことは、ふたたびキルヒャーにあてはまる。

　　「文法学者ディオメデスとドナトゥスは、謎とは**曖昧な意味**であると定義した。また、謎はアレゴリーと同じものではないのか、いかなる点において両者が区別されるのかを探求すべきこととした。さらに彼らは、この曖昧な意味は類似したものによって隠されながらはっきりと現れているのみならず、エンブレムによって多様な意味を負わされていると付け加えた。したがってわたしたちは、それが書かれたものであっても、声に出されたものであっても、謎とは曖昧だが快に満ちた文であると述べた。それは、**実際のものに類似したものによって隠されている**のである。あるいは次のようにも言える。謎とは、隠れるにまで至った真理の模倣であり、内に隠れた結び目が解かれるまでは、それが意味するものは理解されないのである。[...]

　　寓話とは、ある形から別の形を引き出す、一種の類似物であ

る。つまり、アリストテレスが主張しようとしていたように（『弁論術』第三巻）、それはひとつないし複数の心の状態のうちにあるものである。声が豊かなときに、どれほど多くの隠された意味がそこから発せられているだろうか」[3]。

両者の近さは、キルヒャーによれば、形象の理論にまつわる、ほぼ通常よくある混乱を生み出す元だとされているが、とはいえ、次のことを忘れるべきではない。すなわち、**エンブレム**は、仮にそれが**象徴**の一種であるとしても、統辞論的な言表の内部で分節された思考の形象と等価のものではありえないということだ。アフォリズムや格言、あるいは諺が、それぞれの場所で、「ものが言葉へと向かうように、あるいは、意味されたものが意味へと向かうように、あるいは、徴づけられたものが徴そのものへと向かう」[4]ようにはいかないのである。

結果として、格言や諺、警句や物語（historias, fable）を全体的にエンブレム的類型として関連させる分類体系のもとでは、それらを誤謬なくならべることはできない、ということになるだろう。

おそらくそれは**共時的**な誤謬であって、**通時的**なものではない。なぜなら、**エンブレム**からこれらの多様な形象に至るまで、名付けがもつ内的な差異（魂で知覚するもの、目で知覚するもの〔aliud animo, aliud oculis〕）という事実は、指示されたものとの関係の（程度の差はあるものの精妙な一連の習慣の介在による）部分的な隠蔽の過程の萌芽ないしは転位語として考えられる——それは修辞学の過程と類似したものであり、進化の観点からは同型である。

プルーシュの修辞学的な概念に関するカテゴリー的表象の特徴はその緩みの多さにあるのだが、これに関しては、明らかに彼が借

3　キルヒャー前掲書 28 ページおよび 36 ページ。
4　前掲書 7 ページ。

用してきているものについて、今やその参照を作り上げるべきであろう。実際、デュマルセの『比喩論 *Des Tropes*』においてプルーシュが遭遇した修辞学的知の布置が、形象間の諸関係の**連続主義**というプルーシュの考え方に理論的なモデルを供給したのである。

　　「**アレゴリーは隠喩**と多くの関係をもつ。アレゴリーとは**延長された隠喩**でしかないとさえ言える」（145 ページ）。
　　「なんらかの教訓を引き出すためのお話として作り出されるフィクションとは、**譬え話、寓話**、あるいは**道徳譚**と呼ばれる**アレゴリー**のことである」。
　　「**謎**もまた一種の**アレゴリー**である」（153 ページ）[5]。

　秘教主義へ向かう規則的な発展のなかでお互いを超出していく諸形象を**連続体**あるいは**血縁関係**という表象のもとで統一するこの過程は、一世紀以上のちに、フォンタニエの形式的な分類における分析的厳密さによって破壊されることになるだろう。フォンタニエによる分類の興味深い帰結は、**転化表現**に割り当てられた余白の領域が極端にはっきりと膨らむことである。
　デュマルセにおいては、修辞学的目録の体系は形式的である以上に**発生論的な分類**のパースペクティヴへと絶え間なく参照され、そしてこの意味において、フォンタニエの分類よりいっそう**心理主義的**なものとなる。このデュマルセの目録は、結果として、一種の**形象間推移**〔transitivité interfigurale〕を確証し、それと同時に、わたしたちが言語学的ではない意味で意識主義的と名付けることのできる観点から、修辞学的**形象**と最初の**形象**を発生論的に関係づけるつながりを考察することを可能にする。最初の形象とは、現実的なものの**形象**

5　　デュマルセ〔Du Marsais〕『隠喩論 *Des Tropes*』、パリ、1730 年。

的表象として理解されるものであり、この形象を通して、修辞学は隠喩以外の仕方では対象を**名付ける**ことができないということに、人ははっきりと気づくのである。

したがって、プルーシュ神父の歩みは、その本質としては、指示作用のあらゆる過程において**隠喩的な**構成要素が**最初に**絶対的に作動しているということを、最初の**輪郭**の段階から記述しようとしたものなのであろう。ついで彼は、一種の「自然的な」——記号論的心理学的な——派生を通じて、隠喩の理論のなかに書き込まれた**形象変化的性質**〔transfiguralité〕の発生論的論理を再構成し、原初の絵文字に始まり**偶像崇拝**の創始者たる**ヒエログリフ的秘教主義**へと至る自然化された発展を、**進化**の図式にしたがって確証しようとしたのであろう。

II. 形象変化的なものから記号横断的なものへ

象徴的システムの傍系性

> 「こんにち象徴的に結ばれているものは、太古の時代には、おそ
> らく概念的かつ言語的な同一性によって、ひとつになっていた
> のである」(フロイト『夢判断』)[*3]。

　象徴的なものの制度化を**起源カラアル**〔ab origine〕判別の暴力とし
て思考することを拒否し、他方では隠喩の独自性という観念を拒否
すること。このことはウォーバートンにとって、キルヒャーとプルーシュに
理論的に対立する規則を作り出すことであった。
　一方では**秘教的な制度化**の思考を起源の表象から遠ざけること
が問題となるだろう。この思考は、ヒエログリフ体系の書き込みを、政
治権力への接近を統制する選択的知を形象化する場所として統御
する。他方では、偶像崇拝の発生論的説明モデルを撤回することが
問題となるのだが、この発生モデルは起源の隠喩的コードが形象変
化によって混濁することに基づいている。
　ウォーバートンは、象徴生産に関する発生理論の表明を可能にす
る形象変化の一般的図式を、同時代の修辞学的知の布置から絶え
間なく借用することで、隠喩に関する進化的論理を断ち切り、**形象
化それ自体の発生論的検討**へと立ち返る必要があった。それは以
下の箇所からわかるであろう。

第一種の書き文字　「しるしによって、また形象によってわたしたちの考えを伝えるこの
　　　　　　　　　　　やり方は、最初は、まったく自然に事物の像を描くことにあった。
したがって、人や馬の観念を表すために、人や馬の形が表象されたのである。書き
文字の最初の試みは、このように、単純な絵画であった」（『試論』4−5ページ）。「ジェ
メリー・カレリが言うところによれば、創意工夫に富んだメキシコ人たちは、文字の替
わりに、形象とヒエログリフとを用いて、形をもつ物体を表した。形をもたないものにつ
いては、メキシコ人たちは意味を持ったほかの記号を使用した」（5, 6, 7ページ）。

第二種の書き文字　「けれども、似たような多くの著作において、巻物は膨大な厚
　　　　　　　　　　　さになり、このことから生じた不都合が、ただちに民族をいっそう
う創意に富んだ文明化されたものにし、より簡潔な方法を着想させた。なかでももっと
も有名なものが、エジプト人たちが発明したもので、ヒエログリフという名が与えられ
ている。この手段によって、書かれたものは、メキシコ人たちのところでは単純な絵画
にすぎなかったが、エジプトにおいては、絵画と記号になった」（18−19ページ）。

　　「1. 第一の手法は、ある主題に関わる主たる状況を用いて全体の代わりにする
ことにある。したがってエジプト人が、戦争、あるいは戦争状態にある整列した二つ
の軍勢を表そうとしたとき、ホラポロンのヒエログリフという驚嘆すべき太古の断片
は、ひとつの手に盾を持ちもうひとつの手に弓を持った二つの手を描いたのだというこ
とをわたしたちに教えてくれる」（18−19ページ）。

　　「2. 第二の方法にはいっそうの技巧がある。それはものそのものに替えて、その
ものが実際にもつ道具ないしは比喩的な道具を用いることであった。[...]ひとつの目
と一本の笏杖が君主を表していた」（19ページ）。

　　「3. 書いたものを絵に縮約するためにエジプト人が用いた第三の方法はさらに
いっそうの技巧を見せてくれる。この方法は、あるものを表すのに役立つ別のものの
うちに、表されるあるものとの精妙な類似ないしは類比が存在しているとき、たとえそ
の類似や類比が自然の観察から引き出されたものであろうと、エジプト人の迷信的な
伝承から引き出されたものであろうと、別のものがあるものの代わりの場所を占めて、
それを表わすということにある」（23ページ）。

第三種の書き文字　「けれども、いくつかの少数のヒエログリフ的文字から帰結す
　　　　　　　　　　　る曖昧さが、絵画によって書かれた巻物の膨大な厚さと結びつ
き、第三の変化をもたらした。中国人に、この変化の美しい一例を見ることができる。
　　エジプトの古代のヒエログリフがそれよりも古い書き文字を洗練させたものでしかな
いということはすでに見たところだ。エジプトのヒエログリフはメキシコ人の粗野な絵
文字と類似したものでしかなく、エジプト人は絵に記号的なしるしを付け加えたという
のも確認した。中国の書字はそこからさらに一歩踏み出した。中国の書字は絵を拒絶

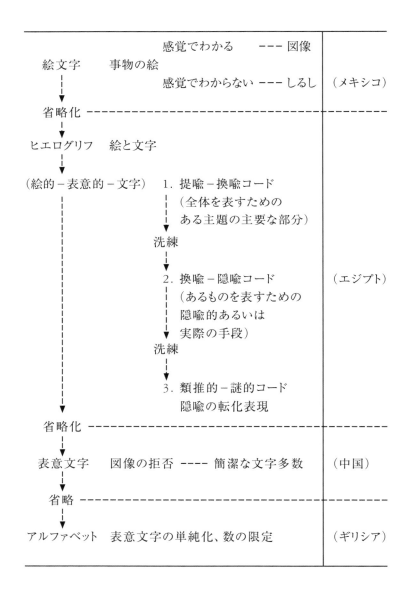

【図5】

し、省略されたしるしだけを残し、そのしるしの数を驚異的な数にまで増やした。個々の観念が書字のなかではっきりとしたしるしをもつようになった。これにより、中国の書字は、今日に至るまで中国の近隣の異国において、話し言葉は違っているにも関わらず、共通したものであり続けている。それは絵画的な文字における普遍的な記号がかつてそうであったのと同様の事態である」（31–32ページ）。

「これが、絵画の状態にはじまり〔アルファベット的〕文字の状態にいたるまでの、単純な段階にしたがって導かれる書き文字の一般的な歴史である。なぜなら、文字というものは、一面ではヒエログリフの性質を帯びつつ他方で文字の性質も帯びている中国の記号に続いて進展する最後の段階だからだ。それはヒエログリフがメキシコの絵文字と中国の文字の両方の性質を等しく帯びているのと同様である。中国の文字は西洋の文字に非常に近いものであるから、アルファベットのなかには中国の文字の数を単に減らして、中国の文字の簡潔な縮約版であるものも存在する」（40ページ、強調はトール）。

　わたしたちはプルーシュ神父による書字の進化の図式を構築するべく取り組んできたが（図4）、それと同種の表をその後で参照すると、以下のことが認められる。

1.　そこにおいては同じ進化の力学が記述されている。この点で見れば、歴史的に位置づけ可能な書き文字のある体系から新しい体系への移行は、プルーシュにおいてもウォーバートンにおいても等しく──プルーシュにおいては体系性と詳細という点で劣るものの──考えられている。両者ともにこの移行を、以前の体系において作り出された記号の数が過剰なまでに膨らんでいった結果生じる自然な帰結として考えているが、これはまた、かつての体系における固有の効果が減少していることを明らかにしている。

　　したがって、プルーシュにおいてもウォーバートンにおいても、ヒエログリフの体系における形象の無際限な増加は、後の段階への移行を決定づけるものであり、またこの移行は記号の力能を維持するために必須の縮約として考えられている。

2. 両者において、この縮約の力学には、**意味作用のコードの性質**に関わる漸進的な**洗練**が伴っている。つまり、程度の差こそあれ恣意性へと帰せられる大きな役割の名のもとで、**軽減**へと向かう物質的な漸進には、その漸進と外延を等しくする、意味の**複雑化**の運動が付随している。この運動の分析は、ウォーバートンにおいては二つのレヴェルでおこなわれている。ひとつは**ヒエログリフ的段階**（すなわち図式）の内部で作動するレヴェルでの分析と、もうひとつは後で見るように、**アルファベット的段階**の内部でそれが再び現れるというレベルでの分析である。

3. プルーシュとウォーバートンにおける**ヒエログリフ**の一般的進化を最後に比較するならば、**修辞学的コード**を比較することになる。このコードの出現の順序は、両者においてはっきりした**配置転換**を被っている。プルーシュにおいては隠喩的なコードが本来のものである。このコードが謎的なものへと漸進的に展開していくのは、**均質な形象変化の進化**の作用によってである——言い換えれば、異なる本性を備えたコードの介入は現実的には存在していない。

　逆にウォーバートンにおいては、本来のコードは**提喩的かつ換喩的**なものであって、その後それが**隠喩的**な構成要素と結合して、均一な仕方で謎へと進化していくことが確証される。

　したがってウォーバートンにおいて作用しているのは**異質な形象変化的性質**であり、その性質からして、**記号横断的**な思考へといっそう容易に開かれている。

　かくして、ウォーバートンの理論的革新性がいっそうはっきりと理解される。ウォーバートンにとっての革新とは、進化の仕組みによる体系化作用のなかで完全に備給されるものであり、その機械の作用が、

結果として、象徴性のあらゆる歴史を統御することになる。この進化論的な見通しのなかに必然的に含意されているプログラムを十分に実現するために、理論的なオペレーターが配置される必要があった。このオペレーターは、意味作用の諸実践間の根源的な異質性に代表される障害を排除することができる。ここで言う根源的な異質性とはすなわち、言語と書き文字との物質的な差異のことであるが、それは『試論』の第一部の冒頭部で、全力で両者を分離しようとする力をともなって記載されている。

　「わたしたちには考えを伝える二つのやり方がある。第一のやり方は**音**の助けを借りるものであり、第二のものは**形象**を手段としておこなうものである」（3ページ、強調はトール）。

　接合の第一の策略は、すでに見たように、文字の形象を読解する**修辞家のモード**であり、それは書き文字のシステムの進化の上に、発生的な（形象変化的な）図式を——これは修辞学の概念目録の**秘密の通時的基層**として存在しているものだが——投影することを可能にしていた。けれどもそれは**形象**の概念の広がりの上で暗黙に作用している類似を利用することでしかなく、原理的な異質性を決定的な仕方で解消するものではない。したがって、起源において、意味作用の最初の二つの様態のあいだに、ある**傍系性**をもつ——水平的な——つながりを打ち立てる必要があった。それは音声による言語に替えて同じくらいまったく原初的な言語を用いるという条件においてのみおこなうことでできたものであり、この原初の言語から、ある均質な仕方で、修辞学的なモデルをもった形象変化的産出を生み出すことができたのである。この原初的な言語が、**身振り言語**〔＝行為の言語〕なのである。

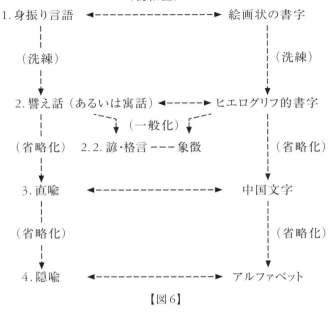

（親和性）

1. 身振り言語 ◀---------------------▶ 絵画状の書字

（洗練）　　　　　　　　　　　　　　（洗練）

2. 譬え話（あるいは寓話）◀------▶ ヒエログリフ的書字

（一般化）

2.2. 諺・格言 --- 象徴

（省略化）　　　　　　　　　　　　　（省略化）

3. 直喩 ◀---------------------▶ 中国文字

（省略化）　　　　　　　　　　　　　（省略化）

4. 隠喩 ◀---------------------▶ アルファベット

【図6】

　そうなると、目下のところ、二つの軸に沿って働く図式が存在する。

　1.「さて、身振りによって思考を表現するこのやり方は、絵画によって思考を保存するやり方と完全に一致する。わたしは、古代の歴史（ヘロドトスおよびアレクサンドリアのクレメンスによって語られた、イダントゥラによるダレイオスへの伝言についての話）のなかに、まさしく身振りによる言説や絵画状の字と類似した特徴があることに気づいた。あまりによく似ているので、この特徴を、二つの表現方法をつなぐ鎖の環として、あるいは両者の親近性の証拠として考えることができるのではないかとわたしたちは考えている」（『試論』61−62ページ）。

　2.「言語が培われるようになると、身振りによって発語するこうした

る」（63 ページ）。

「**譬え話と身振り言語**のあいだの大きな共通点は、エレミヤとレカブびとの物語の語りのなかにみられる。この共通点は、**身振りの性質と譬え話の性質**とを同時にもつ教えを含んでいる」（70–71 ページ）。

「それが譬え話という、あらゆる点でヒエログリフ的書き文字と相応する言説ジャンルの起源なのである。いずれもが、暗に意味された異なるものを象徴している」（82–83 ページ）。

2.2.「けれども、あるヒエログリフがよく知られるようになったときに、本来の意味を失って、一般的な意味を獲得するということがしばしば起こった。たとえば、カドゥケウスだが、これは当初は単にヘルメスの平和の祈りのしるしでしかなかったのが、時が過ぎるにつれて、同盟と友情の一般的な象徴となった。同様のことが譬え話にも起こった。その構成における技巧と美によって名高い譬え話、あるいはそれが実際に適用されたときに起こる並外れた結果が原因となって名高くなった譬え話は、すぐに使用されなくなって、諺へと変えられてしまった」（83 ページ）。

3.「しかし、言語が技巧へとなったとき、譬え話は直喩へと切り詰められた。それによって言説をより簡潔でより短くすることが目指された。実際、主題はつねにあるのだから、譬え話においてのようにそれを形式的に適用することはもはや必要ではなかった。エレミヤの次のような言葉は、譬え話と直喩の中間に位置するものであり、したがって、両方の性質を等しくもっているのだが、いかに容易に譬え話が直喩に還元されるのかをわたしたちに教えてくれるであろう。「主はあなたを、かつては「良い実のなる美しい青々としたオリブの木」と呼ばれ

たが、主はそれに火をかけ、その枝を焼き払われるのである」〔『エレミヤ書』11：16〕。

「直喩は中国の書き物におけるしるしあるいは文字に相応するということができるだろう」（『試論』85ページ）。

4．（上の文章からの続きで）「そして、これらのしるしがアルファベット文字という省略された方法を生み出したのと同様に、それと同時に、言説をより短く、よりすっきりしたものにするために、直喩が隠喩を生み出したのだが、隠喩とは小規模な直喩でしかない。[…]預言者たちの書いたものを注意深く読む人物ならば、直喩が隠喩へと切り詰められた度合いについてたやすく気づくことができる。預言者たちの書いたものにおいては、直喩と隠喩とがまじった言語がごく普通に使われている」（85－86ページ）。

かくして、言語の二つの形式は互いにその起源のなかに関係づけられ——身振り言語を絵文字のなかに無媒介に設置した結果でしかない近さによってそうなるのだが——、言語の変化と書き文字の変化は進化の同一の規則にしたがう。客観的に見ると異なる二つの形式ないしは二つの段階の移行は、**混合した形式**を構成し、そこにおいては、意味作用の継起的な二つの段階の**それぞれ互いの性質**を帯びた形象が、隣接し結合している。日常的用法において古代の形式が隔絶するに至る変化の過程のただ中においてさえも、**古代の形式の持続**という本質的な考えがこのようにして形成される。

「書くにせよ、話すにせよ、自らを表すためのもっとも古くかつもっとも単純なやり方が、さらに完全なやり方が創出されたあとでさえ、突然使用されなくなるということはまったくなかった。したがって、譬え話が導入されたあとでも、身振り言語が聖書のなか

に存続していたのをわたしたちは見る。また譬え話も、直喩と隠喩が導入されたあとでも存続している。**書き文字に関しても事情は同様であった。第一のヒエログリフは、もっとも単純なものだが、のちに見るように、象徴的と言われるいっそう洗練されたヒエログリフが発明されてからあとも長い間使われ続けた。この象徴的ヒエログリフも同じく、さらに完成度が高くなり中国の文字によく似た文字が作られるようになったあとでも存続したし、それ**
ばかりかアルファベット文字が発明されたあとでさえ存続した」
（88–89ページ、強調はトール）。

これはまさしく**秘儀**の起源に関するプルーシュ神父の主張である。この主張は、古代のエクリチュールを、最大多数の記号的能力の変化にそって配置する。つまり、神官や賢者といったエリートによるヒエログリフのコードの保持は、文献学的知およびそうした能力をもった少数者による支配を相関的なものとして許容するものであるが、それと同様に、偶像崇拝や迷信の発展をも相関的に認めるものなのである[6]。

　ポルフュリオスとアレクサンドリアのクレメンスの通時的な考察に対してウォーバートンが行った転覆とは、**ヒエログリフ的書き文字**をある過程における最終的でほとんど完全な局面として提示し、続く過程の出発点をアルファベット文字的聖簡文字にしようとしたことにあった。この事態を踏まえることによって、エクリチュールの諸体系の進化の図式を提示することが可能となる。この図式は、先の二つの図

6　『試論』第一部が閉じられ、ウォーバートンが歴史的分析の次の段階に進もうとするのはまさしくこの箇所である。「今やわれわれは、いかにして人々が、いかなる辛いことでも進んでおこなって、異なる語り方や異なる書字の形式を用いながら、貧しさが生み出したものと素朴さが維持したものを神秘や誉れへと変えたのかを検討することにしよう」（89–90ページ）。

式に体系的に遡ることによって、象徴的なものの歴史から与えられる一般的表象、およびまさに図像的と言われる意味作用の体系の進化の表象という二つの表象のあいだに刻まれたズレを把握し、解釈

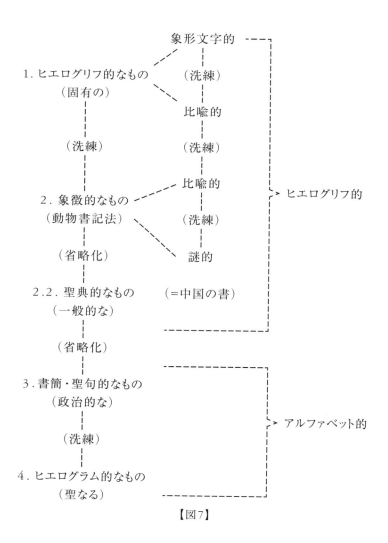

【図7】

することを可能にするものでなければならない。三種類のエジプト書き文字しか調べなかったポルフュリオスとクレメンスとは一線を画して、ウォーバートンは四種類のエジプト書き文字を取り上げる。

ヒエログリフ的形式に到達するのは、もともと絵文字によって果たされていた指示の機能と、指示の機能から始まり形象と文字との源となった外示の機能という二つの機能の推移の果てでのことだ。これらの形象と文字は、それ以降、もはや個別の対象を指示することはなく、対象のクラスを参照するようになる。こうした推移は、洗練の過程の主要な要素とみなされ、この洗練に則って、アルファベット以前の絵文字的体系の進化が秩序のもとに置かれるのである。

「けれども、この粗野な発明の不便さをより少なくするために、彼らはただちに、さらなる技巧をそなえたある方法を考案した。ひとつの形象が、多くのもののしるし、ないしはイメージとなるのである。彼らの絵はそのときヒエログリフとなった」(115 ページ、強調〔ゴシック体〕はトール)。

しかしながら、単純な絵文字から象形文字的ヒエログリフにいたっても、形象化のコードは変化しないことがのちに見られるであろう。ウォーバートンがここで想起しているのはホラポロンである。ホラポロンは二つの「粗野な」形象について言及している。ひとつは「水のなかにある人間の二本の足が布を圧搾する職人」を表す場合であり、もうひとつは、「高いところに上る煙が火のしるしとなる」場合である。両者はともに、先のところで提喩−換喩的性質に属するものとして示されたコードにしたがっている。「主要な部分によって全体を表す」ことによってその形象が得られる象形文字的ヒエログリフの機能も、同じようにこのコードと関連している。

ところで、**象形文字的ヒエログリフ**から始まり、**固有の意味でのヒエ
ログリフ**――**比喩的**〔tropique〕**ヒエログリフ**――という第二形態に進展
するにつれて、コードは変化する。漸進的に――ウォーバートンは漸
進的にというが、この現象が現実に何を意味するかについて正確な
ことは何も述べていない――特殊な意味での隠喩的なコードにたどり
着くのは、「あるものの代わりに、そのものと類似した性質をもった別
のもので代用する」ことによってである。先のところでわたしたちが**異
質な形象変化的性質**という概念のもとで特定したものが、まさしくこの
コードの変化なのである。

　固有の意味でのヒエログリフのこの二つの形式は、ウォーバートン
によれば、物語と同じく、法や規則、一般的な用法を「ありのままに単
純に知らしめる」ことに向けられている（117ページ）。プルーシュ神父
よりも緻密なやり方で、ウォーバートンは起源における歴史の動きを正
当化するべく注意している。すなわちウォーバートンは、とりわけこの
題材に関するキルヒャーの言説のうちに含まれている秘教主義的‐
政治的な伝統に対抗して、原初のヒエログリフの透明性のなかに歴
史の動きを位置づけたのである。

　だが隠喩的段階にたどりついたとして、ヒエログリフ的形象化の
様態の内的な進化はアナロジー的‐謎的な抽象化へと導かれる必
要があるのだが、先のところでその理論的な操作が明らかにされた
均質な形象変化的性質の法則こそが、今やそれを導く。アナロジー
的‐謎的な抽象化とは、**転化表現による隠喩の脱自然化**であり、文
章をまず象徴的エクリチュールに、ついで比喩的エクリチュール、そ
して謎的なエクリチュールに従わせる。

　このことから、以下の二つの本質的な観察が生まれる。

　1．先に二つの図式（図6および図7）のあいだに、2.2レヴェルで
の忠実な相同性が打ち立てられる。

図6において、譬え話から諺への変化は、ヒエログリフから**象徴**への変化と関係づけられていることがわかる。並行するこれら二つの変化は、これら二つの形象の個々のものがもつ個別の文脈や指向対象、記号的動機づけに反して意味されたものを強調する意味の一般化の過程からの帰結である。

　図7においては、**通常のエクリチュール**──つまりヒエログリフ──が、用法を通じて同様の結果を生む。

> 「わたしはここで通常のエクリチュールのこうした性質が時代を経て生み出す自然の効果について語ることを省略すべきではないと思う。わたしが言いたいのは、**使用されることによって象徴に注がれてきた注目が大いに減少し、ただ意味されたものだけに注目が定着した**ということだ。このやり方によって、象徴的な書き文字の研究はひどく簡素になった。以前は象徴に用いられた事物や動物の固有の特性についての**学識**が必要であったが、象徴的しるしの力を想起する以上のことはしないでよくなったのだ」(『試論』139–140ページ、強調はトールによる)。

プルーシュ神父との新たな違いがここにはある。プルーシュにおいては、象徴的エクリチュールのコードが漸進的に失われる原因は**イメージの濫用**にあった(図4)。ウォーバートンにおいては、コードの忘却は、象徴の明示的意味による**生産性の鈍化**として考えられる。

　両者のプロセスには多くの違いがあるとはいえ、**聖書記号の図像発生についての誤解として偶像崇拝が到来した**という可能性を確証することは、結果として共通している。

　2．すでに図5に含まれていた要素が、図7においては通時的な秩序に置かれていることを確認することができる。

けれども中間の図（図6）は、体系化の試みのなかで目的を失い、そこに均質な形象変化のパラダイムが再導入されても、直ちに一連のズレを示すにとどまる。

——実際、絵画状の書き文字とヒエログリフの最初の形態——象形文字——は、提喩‐換喩的な同一のコードに依存していることが示されたばかりであった。両者はコードという観点からすれば同一視できるものであり、したがって、異なる修辞的モデルに関係づけることはできなかったであろう。

——その上——キルヒャーによって予期されていたことだが——、形象変化の図式にしたがえば（デュマルセのテキスト参照のこと）、譬え話も比較も隠喩の様態でしかない。

したがって、ヒエログリフにおいては、象形文字的なもの（提喩／換喩）から比喩的なもの（隠喩）へと移行する際、コードという点から見て、決定的な配置転換が作動しているのである。

これと同様に、言語の側では、原初の身振り言語——絵画によるエクリチュールとの親近性によって提喩‐換喩的コードと必然的に一致するように思われるもの——と、譬え話の隠喩的構造とのあいだで大きな変形が生じる。

それゆえ、コードの変形という観点からそれらを考察すると、言い換えるなら、それらを形象変化的な進化のモデルと関連づけて考えると、図6内に書かれている二つのプロセスは、実際には提喩と換喩から隠喩へと至る唯一の移行のみを記載するように単純化され、還元されている。この二つのプロセスは、ウォーバートンの言説の本質をなす独創性と問題提起を同時に明らかにするものであり、異質な形象変化の存在および操作のなかにさえ存在しているのである。

したがって、固有のヒエログリフの段階においてその内部での変

形を支配するこうした構造が、あらゆる言語について進化のモデルを与える。初期のヒエログリフについての歴史は、形象化のコードの主要な変形の論理をはっきりとした仕方で作り出すという責務を前にして挫折はしたが、しかしながら、ウォーバートンとともに、**洗練**という言語上の技巧のもと、理論的には沈黙しながら、ある**裂け目**を作り出した。この裂け目は、それ以降、あらゆる象徴体系のただなかに、とりわけ夢批判の対象のなかに見出されることだろう。これはエフェソスのアルテミドロスによる最初の書物が確証していたことである。

> 「夢のなかには、その夢が予測させる出来事の**単純で直接的なイメージ**を表すものがある。[...]それ以外に、**意味を決定せねばならないアレゴリー的な象徴**だけを示す夢がある[7]」（強調はトール）。

ウォーバートンは修辞学目録を使用し、その目録をとおした体系の実現を夢想したが、体系化は未完成にとどまる。そこにおいてウォーバートンが探求していたものは、プルーシュ神父が別の角度から探求していたものと同じであり、また、アタナシウス・キルヒャーが理論的かつイデオロギー的な異なる努力を重ねて探求したものと同じであった。彼らは、象徴機能の母胎となる構造を魂〔＝プシュケー〕のなかに観念として示すことによって、あらゆる象徴体系を統一する原理を探求した。だがそれは理論家の見る幻覚なのだ。なぜなら、構成され

7　わたしたちがここで引用したのは、アンリ・ヴィダルによってギリシャ語から翻訳された、エフェソスのアルテミドロスらによる『夢の鍵、あるいは夢、夢想、幻覚の解釈についての五つの書物』〔アルテミドロス『夢判断の書』城江良和訳、国文社、1994年〕である。これは、自由すぎて不完全なものではあるが、この本を現代フランス語に翻訳した唯一のものである。（これを執筆していた時点では、フェステュジエールによる翻訳（Vrin, 1975）はまだ刊行されていなかった。）

た概念的装置としてのレトリックというものは、まさしく言語そのもので
あるような固有の象徴体系から発展したレヴェルを起点にしてのみ
存在するからである。起源への遡行が修辞学的概念を使い果たす
に至るのはただ隠喩にのみよるのであって、ウォーバートンは、体系
的に再検討するには膨大すぎる幾多のものを再構成することとひき
かえに、隠喩がもつ冗長な効果を和らげようと試みるのである[8]。

　そして事実、隠喩の位置づけの問題は、プルーシュの批判によっ
ても明らかにされることはなかったし、ヒエログリフ的形象のコードの
進化の過程において現れる理論的二次的性質によっても明らかに
されることはなかった。アルテミドロスへのいささか長い言及は、この
中心的な問題の用語を刷新するひとつのやり方ではあったが、著者

8　まさしく隠喩が登場するやいなや、ウォーバートンの言説が**方向性**を失うそのあり方を
　　分析することは興味深い。図6において、いかに発生論的な形象変化が転倒される
　　のかを見ることができる。隠喩はそこでは類似や省略によって生み出されるものとして
　　表されており、それは省略が、たとえば譬え話のようなものから同じやり方で生み出さ
　　れるものと同様だとみなされている。これは、ウォーバートンが、そう告げ知らせることな
　　しに、言表の形式とその実際的な現実化という観点で自らを位置づけようとしたこと
　　に由来する。ウォーバートンはコードの**本性**という観点には決して立つことはない。
　　　こうした見通しにおいて考慮すべきなのは、もはや形象変化の発生の論理ではな
　　く、諸形象の脱‐動機づけの論理なのである。この論理もまた、洗練と省略というも
　　つれた二重の過程によって実現する。それは以下のようなものだ。
　　身振り→譬え話→類似→隠喩
　　絵画→ヒエログリフ→中国文字→アルファベット
　　　まさしくこの**並行**が、異なる**視点**のあいだの修復し難いズレや矛盾を導き入れな
　　がら、『試論』の言説の一貫性を崩している。それゆえ、184ページ以降、ウォーバー
　　トンはもうひとつの**並行**を提示する。ウォーバートンは異なるタイプのヒエログリフ的
　　エクリチュールの関係にもとづいて修辞学的な価値を決定する。つまり、**譬え話**はも
　　はや**本来**のヒエログリフとは一致しないのであるから、譬え話が生み出すものは**諺**
　　ではなく、反復的な効果によって、**寓話**を生み出すのである。
　　　一般化されたこの範囲のなかに残存している唯一の強固な立脚点とは、異質
　　な形象変化（隠喩への移行）という母胎的だがほとんど理論化不可能な現象な
　　のである。

はいかなる瞬間においても、当の刷新において体系化の障害となるものについて注意を払うことがなかったように思える。この現象を簡単に説明してみよう。

ヒエログリフの学に由来する解釈学的図式と夢占いを関係づけるテーゼにおいては、象徴的ヒエログリフのみを対象とする学が問題となる。解釈の学としての夢占いの対象がアレゴリー的な夢でしかありえないということが並行して与えられた状況においては、この象徴的ヒエログリフのみが解釈を必要とする。解釈学の起源をヒエログリフに置くこのテーゼは、ウォーバートンによる理論的な考察を契機に、象徴的ヒエログリフによって満たされた構造の機能——原基の構成要素となる隠喩の形象変化的透明性——を、ほかのあらゆる象徴システムと比べて正式なものと認める。

いまや十分に知られていることだが、ウォーバートンにおいては、あらゆる体系化が並行という形式を援用している。修辞学的な転移という技巧によるヒエログリフ的形象の進化が、言語の進化と並行したものであるという議論をたどることはできた。そこにおいては、ウォーバートンが二つの進化論的手続きの関係のあいだに同形性を打ち立てようとしていたことが重要であった。

ところで、こうしたタイプの並行性は、夢幻視的な研究の対象——すなわち集合としての夢——によっては作られない。なぜなら、ウォーバートンによって引用されたアルテミドロスは、こうした素材が現われるやいなや、夢の発生の性質がその起源以来、（思弁的なものとアレゴリー的なものとに）二分されていることをはっきりと示すよう細心の注意を払っているからである。いずれにおいても、洗練と変形が進化する過程は問題にならない。夢が告げ知らせる出来事のイメージという直接的な透明さにおいて内容を伝える夢と、透明性と混乱のいずれにおいても解釈に訴える夢とのあいだには切断および根源的な差異がある。ところでウォーバートンは、第一のカテゴリーをまず

排除して、夢という名称一般をアレゴリー的な夢に対して用いるよう取り決めた。つまり、理解するために先んじて解釈学的な作業をしておく必要がある夢だけに、夢一般という名を与えたのである。ウォーバートンはマクロビウスによる以下のような定義を引用している。

> 「アレゴリー的に表象されたものを見る際には解釈が必要とされる」。

ウォーバートンによれば、この**解釈のための道具**は、ヒエログリフの**象徴的な状態**を解読することから生まれた**象徴の学**である。

> 「ところで、このエクリチュールは、そのとき神聖で神秘的なものとなったのである」。

… すなわちそれは解釈の学問の最初の対象となったのだ。

　アレゴリー的な夢のなかで作動している象徴化の様態は、象徴的なヒエログリフのエクリチュールを規定する形象化の様態と同一のものであるということがここから帰結する。したがって、ヒエログリフから夢の象徴的なテキストへと移送され、夢の暗号解読に役立てられるコードは、**アナロジー的（隠喩的）**——あるいは**謎的なタイプ**に属する、隠喩の形象変化からの派生物なのである。

　かくして、隠喩に支配された夢の形象化は、隠喩を魂〔＝プシュケー〕の根源的構造として書き込み、結果として、ウォーバートンが言語と文字の支配の進歩の表のなかに打ち立てた進化の秩序に反するものとなる。起源に透明性を配置するこの秩序は、ある**最初の解釈学**によって心的要素のなかに把持され、ひっくり返されている。この解釈学は、二次的で、透明性に反して洗練されたエクリチュールによってコード化された作用を、この秩序の代用品にする。それが象徴的

ヒエログリフの作用なのである。

> 「[...]夢工作における呈示は、**確かに理解されるようにはも
> くろまれてはいないとはいえ**、たとえば古代のヒエログリフの書
> き手が現在の読み手に対して振りむけているよりも大きな困難
> を、翻訳者に対して課しているわけではない[...]」。──のちに
> フロイトは『夢解釈』内でこのように書く[9]。

同様にウォーバートンも、夢の混乱であるとしてかれ自身が記述して
いたものが、おそらくは**古書体学**に属する失われた秩序にすぎない
のではないかと疑っている。この秩序は、形象として理解するならば、
天才的な直感を証言するもののように見える。だがウォーバートンは
この主張がもつ主たる帰結に気づいていない。つまり、**象徴的な想
像界という原初の構造のなかに隠喩が昇格してくるのである。**
　象徴の生産に関する進化についての自身の理論に反するこの帰
結を重んじることなく、ウォーバートンは神話のなかで一種の無意識
的な拒絶をおこなう。

> 「これこそが問題の自然な解決である。夢の最初の解釈者で
> あったエジプトの神官たちが巧みに用いていた象徴についての
> 学知は、彼らの解釈の基盤として役立っていた。この基盤は、人
> 間の術に対して多くの信用を与えるはずのものであったし、また同
> 時に、助言を求めるものと助言を求められるもの双方を等しく満足

9　フロイト『夢解釈』第6章第4節「形象化の考察〔呈示可能性への顧慮〕」(Freud,
　　L'Interprétation des Rêves, traduit par I. Meyerson, P.U.F., Paris, 1967, p.293.
　　強調は原文のまま。〔フロイト『夢解釈II』新宮一成訳、『フロイト全集5』所収、岩波書店、
　　2011年、82ページ〕)

させるものでなければならなかった。というのも、この時代において、エジプト人たちはみな彼らの神々をヒエログリフの学知の著作家とみなしていたからである。そうなると、エジプト人たちはまた同じ神々がまた夢の作者でもあると信じていたのだが、この神々が夢に対してもヒエログリフに対するのと同じ言語を用いていたと想定する以上に自然なことはない」(『試論』229–230ページ)。

　これについてウォーバートンは、彼が神々を信じていないということを忘れているし、また、彼自身についても、この秘教主義的な方法によって象徴の機能の起源と原初の表現に関する自然な結論を引き出す義務があるということを忘れている。

　逆に、『迷える者たちへの手引き〔モレ・ハネブヒーム〕』のなかでマイモニデスによって定式化された視〔vision〕についての理論を引くとき、ウォーバートンは預言者の書物に用いられた身振り言語の形象を「預言者の想像力のなかに刻印された超自然的な心像へと」還元してしまう立場を批判していた。

　かくしてウォーバートンは、預言者の言語の解釈にあてられた章のすべてについて沈黙したのであり、言及を故意に避けたのである。このことはわたしたちにとって本質的なことだ。なぜなら、その章において、隠喩は明らかに起源の立場に近いものであったからである。

　　「[...]隠喩によって述べられたことには大いに注目する必要がある。それらのうちのいくつかには、明晰かつ明証的であり、誰にとっても曖昧ではないものがある。たとえば次のように言われたときだ。「山や丘はわたしたちの前で喜びを爆発させるだろうし、野の木すべてが手拍子を打つであろう」(『イザヤ記』LV, 12)。これは明らかに隠喩である。

　　[...]

こうした隠喩は預言者の書のなかに数多くある。それらのうちには世俗のものでも認めることができる隠喩があるが、そのようなものとして受け取られることのないものもある。実際、「主は満ちた自分の宝物庫を開くだろう（『申命記』XXVIII, 12）」といった言葉が隠喩だということを疑うものは誰もいない。神は雨を蓄えた宝物庫などもっていないのであるから。同様に、「神は天の扉を開き、天から雨を降らさしめた（『詩篇』LXXVIII, 23–24）」と言われたとき、天国に門や扉があると考えるものは誰もいないであろう。これらは**類似物**という手法によって、すなわち一種の隠喩によって語られたのである。同じような仕方で、以下の数々の文句も理解されねばならない。「天が開くであろう」（『エゼキエル』I,1）、「さもなければ、あなたが書いた書から私を抹消してください」（『出エジプト記』XXXII, 32）、「わたしはそれをわたしの書から消すだろう」（同 XXXII, 32）、「彼らが生けるものたちの書物から消されんことを」（『詩篇』LXIX, 29）。これらすべては**類似物**の手法にしたがっている。民衆が信じているように、神自らが書きかつ消す書物を神が持っているというわけではない。民衆はそこに隠喩が存在していることに気づかないのだ」。

（『迷える者たちへの手引き』サロモン・ムンクによるアラビア語からの翻訳、パリ、1930年）

ここでしばし37番目のヒエログリフの注釈に立ち返って、マイモニデスが――エジプト人と言われているにせよ――おそらくアルテミドロスとホラポロンに近い立場にあると認めることにしよう。

先のページで書かれたことを要約するならば、ウォーバートンにおいては、**異質な形象変化的性質**の現象について仔細な説明を施すことの不可能性は、隠喩の扱いに起因する曖昧さのなかにはっきりと見ら

れる徴候と同じ性質のものとして考えられねばならないように思える。

　かわるがわる二次的であったり根源的であったりする隠喩が、象徴的なヒエログリフの書き込みと夢の発生における象徴とを同時に支配している。ウォーバートンにおいては、**ヒエログリフ、修辞学、夢**は、隠喩に不動の**場所**を与えることのない関係性によって結びつけられているのである。

　エクリチュールのシステムの進化という歴史的展開において、ウォーバートンは、隠喩という形象が起源へと接近することを禁じる。すでに示したように、このことがプルーシュ神父の主張に対するウォーバートンの批判的反論の本質を構成している。

　これと並行して、別の分析の図式上で、先ほど夢における形象化の位置づけに関して示したばかりだが、ウォーバートンは、言わば気づかぬうちに、夢の形象化の起源を隠喩に再び関係させている。

　したがって、ウォーバートンの内に原理としてある思考されえぬものとは、まさしくわたしたちが最初にホラポロンの根本的な教えとして打ち立てようと試みていたものなのである。つまりそれは、（**提喩的かつ**）**換喩的なコードと隠喩的なコードとの根源的な衝突の可能性**のことだ。

　だがこの思考されえぬものおよび種々の曖昧さは、ウォーバートンの言説が置かれた状況からも説明される。そこには、以下に述べるように、神学者としての二重の要請がのしかかっている。

　——人間文明の歴史のなか、より正確に言えば、象徴的文化の進化のなかに、プルーシュのところでわたしたちが**堕落の神学的パラダイム**と呼んでいたものを再導入せねばならないという要請。すなわち、歴史の最中に根源的な無垢さと透明性とを触発するという倒錯したモデルを再導入せねばならないという要請。そのためにはすべてが透明性から始まらねばならないし、それゆえ**隠喩は起源から遠**ざけられねばならない。諸言語の混乱のエピソードのなかで、罰は

人々の言語においてなされた。これと対称した形で、偶像崇拝の起源はバベルの聖書的な側面から解読される。

　　──聖なる修辞学がそれ自体多くの場合反啓蒙的なものであるということや、キリストの寓話のなかには秘密の効果が含まれており、それによって歴史家は、キリストの言説を実践した際に異教徒とのアナロジー（偶像崇拝期のエジプトの神官や、ピタゴラスなどとのアナロジー）を見いだすよう仕向けられざるをえないということを認めねばならない（と同時にそうしたことを**無視する**）という要請。このアナロジーは、教育や政治に見られる偽のカリスマという歴史的ないしは神話的に多様な形式との偶然的で時宜を得ない比較をすることによって、キリスト教の純粋性のイメージを損なうという危険性がある。隠喩の秘密の力は起源の場所を再獲得しようとする。だが**その場所を認めること**を否認することが、理論の隔たりやズレを引き起こし、それによって、唯物論的に探求される諸宗教の歴史というひとつの歴史の力をすでに示すことになるのである。

III. 偶像の系譜学

（あるいは、最初の歴史家は唯物論者であったということ）

　ウォーバートンの時代において、ベリト〔ベイルート〕のサンコニアトンを読むことは何を意味するのだろうか？

　まずそれは、彼の作品である『フェニキア人の歴史 *Histoire phénicienne*』が失われてしまっていて、ビブロスのフィロンによってギリシャ語に訳され、カエサレアのエウセビオスによって『福音の備え』第1巻に再録された断片しか残っていないということを知ることである。

　ついでそれは、ビブロスのフィロンによって打ち立てられた関係、すなわちサンコニアトンのテキストと、トトの謎めいた書字と図像に付されたエクリチュールの神話的起源とのあいだの関係について思考することでもある。

　それはまた、サンコニアトン固有のものとして割り当てられるべきものと、フィロンないしはエウセビオスによる加筆訂正の証拠であるはずのものとのあいだで行われる境界確定について、詳細に自問することでもあった。実際、フィロンやエウセビオスによる加筆は、断片の理解をきわめて複雑なものにした。

　またそれは、このテキストのなかでエウセビオスによって分離された二つの傾向を区別することが可能であった、ということでもあった。

　ひとつは**宇宙創生論**（cosmogonie）に関連したものであり、もうひとつはフェニキアの**神統系譜学**〔théogonie〕に関連している。後者の系譜学は分析を通じてつねに特権化され、異教徒たちの源をさぐる歴史的探求においてつねに絶対的な出発点を表さねばならなかった。

　最後にそれは、キリスト教擁護というエウセビオス的機械を通してテキストを読んだということでもある。エウゼビオス的機械が、ときおりその真正さの性格を根底から疑うことを目指す諸前提の体系にとっ

て替わるものとなりえたのである[10]。

　つまり、ウォーバートンがまったく同時に歴史家でも秘儀祭司でもあったということが理解される。

　18世紀の歴史的な問題のなかでのこのテキストの戦略的な重要性は、ここではヒエログリフをめぐるものだが、そのテキストが対象としている多様な種類の読みに関して、ヒエログリフに賭けられているものを正確にすることが不可欠となったということであった。

　一般的に、考察の対象となる時期においては、サンコニアトンのテキストへの注目は、サンコニアトンの**神統系譜学**に含まれている脱神秘的な図式を異教徒に対抗するために転倒させるという意図から生じている。異教の神々の誕生に関してサンコニアトンによってもたらされる証言と、その異教の神が神となる過程の開示──それが様々な場所で多様に解釈されてきたことはのちに見ることになるが──は、キリスト教を唯一の真正の宗教として弁護しようとするあらゆる試

10　こうした疑いの一例として、リシャール・シモンのものがある（『批判的叢書 *Bibliothèque critique*』第1巻、アムステルダム、1708年、第10章、131、132、133ページ）。「[...] ポルピュリオスがサンコニアトンの歴史に与える賞賛は、その歴史を疑わしいものにしている。今まで誰も語ってこなかった、かくも重要な書物に対して、人が抱きうる疑念を取り除くために、その歴史がユダヤ人の歴史に符合するのはただ固有名についてのみであると、ポルピュリオスはわざと主張したのではないだろうか？　ポルピュリオスがそれを用いたのは異教を立て直すためではなかっただろうか？　この著作のなかでは、異教の話のなかの最良の部分が、排除されてしまっているのだ。ユリアヌスとアレクサンドリアのクレメンスは、フェニキア人の著作家のなかではポルピュリオスほど重要な人物ではなかったが、この二人の生きていた時代にポルピュリオスがまさしくギリシャにいたのなら、彼らはそのことについて言及しないでいるだろうか？　したがって、ポルピュリオスの時代に、異教を破滅に追いやったキリスト教に対抗するために異教が作り上げられたということも起こりえたかもしれない。異教徒たちは、彼らの神官が彼らの宗教のなかに導入したあらゆる空虚な迷信を恥じ入り、キリスト教からの反論に答えることもできないので、この本をでっち上げて、それが彼らのもっとも純粋な神学を代表するものとなるように、事前にそのなかでももっとも信じがたいものを取り除いておいたということがあったのではないか」。

みにとって、射程の大きい全参照体系を構成していた。また、当時大多数の注釈者を動機づけていた精神が、この点からいえば、エウセビオスの弁神論に備わっているものと同じだったことには疑いの余地はない。

しかしながらこのことは、17世紀と18世紀のヨーロッパの神学が、政治的な賢明さを考慮した結果、あらゆる宗教的信仰についての理由と同じく、あらゆる神格化の理由を書き込む効果をもったテキストをいささかも疑うことがなかった、ということを意味しているのだろうか?

事態は逆であって、諸宗教の歴史は、個別の疑惑というこの事実を前にして、いっそう際立つように思われる。

実際、エウセビオスによって報告された断片に直面していたキリスト教の歴史家たちのなかで、多くのものがエウセビオスに実際の資料価値を認めることを拒んでいた。サンコニアトンによって提唱された証拠が不十分であるという指摘（スティリングフリート）[11]、それはビブロスのフィロンによる純粋な虚構であるという仮説（ダドウェル）[12]、ポルピュリオスによって著者だと推定された人物に授けられた賞賛がもつ疑わしい性格（ファン・ダーレ）[13]、アレゴリーと歴史的事実との区別の困難さ（カルメ）[14]、ポルピュリオスの部分に見られる

11　スティリングフリート〔Stillingfleet〕『聖なるものの起源 *Origines sacrae*』、1662年。

12　ダドウェル〔Dodwel〕『サンコニアトンによるフェニキアの歴史に関する論考 *A discourse concerning Sanchoniathon's Phoenician History*』、1681年。

13　ファン・ダーレ〔Van Dale〕『アリステアス論 *Dissertatio super Aristea*』、1705年。

14　カルメ〔Calmet〕『古代のあらゆる書、および新約聖書についての字義的な注釈 *Commentaire littéral sur tous les livres de l'ancien et du nouveau Testament*』、1707年。

15　シモン〔Simon〕『批判的叢書 *Bibliothéque critique*』、1708年。

16　モンフォーコン〔Montfaucon〕『古代解明 *L'Antiquité expliquée*』、1719年。

17　ブルッカー〔Brucker〕『批評的哲学史 *Histoire critique de la philosophie*』、1742年。

18　ペイヌ〔Payne〕『カンバーランドによる『サンコニアトンのフェニキア史』序文 *Préface à la Sanchoniatho's Phoenician History de Cumberland*』、1720年。

欺瞞の可能性（シモン）[15]、時系列上の不確かさ（モンフォーコン）[16]、ストア派によって神秘化が反復された可能性（ブルッカー）[17]、などの見解が示されたのである。

　実際、仮説からなるこれらの様々な体系は、断片の認識について概してアプリオリな否認を表明しているものの、学問的に正当化できるような支えはそこにはいっさいなく、ダドウェルの態度についてペイヌが述べていたように、注釈者たちのあいだにほぼあまねく広がっているある種の困惑のようなものを記述することしかできないのである[18]。

　ところで、ウォーバートンは、エウセビオスによって報告されたテキストを本当にサンコニアトンのものとして読み、探究した人物のうちに含まれる。

　「サンコニアトンは、エウセビオスによって保存されていたこの素晴らしき断片のなかでわたしたちに次のように述べた。「タアウトス〔＝トト〕の神は、**絵画で書くというウラノスの術を模倣して**、クロノスやダゴンらの肖像をなぞった。そしてこの種の書き文字の要素を形作る聖なる文字を描いた。クロノスを示すために、タアウトスは王位のしるしを考案した。前に二つ、後ろに二つついた四つ目で、四つのうち二つが眠っているというのがそれである。さらに四つの翼が肩に付いていて、二つは今にも飛び立たんばかりに開いているが、もう二つは休息中のように閉じられている。最初の象徴が意味していたのは、クロノスは休息していても目覚めているということであり、同時に目覚めていても休息しているということである。第二の象徴もまた同じく、クロノスは休止しているように見えるときでも飛んでいるし、飛んでいるときでさえ同じ場所にいることは妨げられないということである。タアウトスはほかの神々の肩には二本の翼しか描かなかったし、それはクロノスの連れがクロノスと並んでいるときも同様であった。ク

ロノスは頭にもさらに二本の翼を持ち、それが理性と情念というわたしたちの精神を規定する二つの原理のしるしとなっている」。このくだりがわたしたちに教えてくれることは、ウラノスも絵画状の一種のエクリチュールを用いていて、それをタアウトスが完成させたということである。タアウトスあるいはトトは、エジプト人メルクリウスと同じ人物である、とわたしは述べる。つまりこのタアウトスに、そしてタアウトスの末裔に、異なる種の絵画状のエクリチュールの発明が帰せられた、ということなのだ。タアウトスによって完成されたものとしてサンコニアトンが記述したエクリチュールは、わたしたちが述べてきたヒエログリフと異なるものではない。このエクリチュールは、ウラノスがかつて使用していたものであるが、アメリカ人たちの素朴な絵画と類似している。

　つまるところ、エジプトの時代のヒエログリフはそのようなものであった。そして人間の思考と行動についての記憶を保持するためのこの第二の方法は、今まで信じられてきたように、そうした記憶を秘密のものにしようとする見地から発明されたものではなかった。民衆の使用のためにそれが考案されたのは、必要性によるのである」(『試論』26–31ページ、強調はトール)。

　この箇所の解釈は、18世紀において、緊張関係にある二つの態度をはっきりと示す機会であり、そうした場でもあった。ひとつの態度は、フェニキア人の**神統系譜学**に関するサンコニアトンの言説を部分的に受け入れることである。もうひとつは、ここでの**宇宙創生論**に見られる否定しがたい唯物論と、偶像の系譜のうちに含意されている**権力の起源の表象**を同時に記載することを純粋かつ素朴に拒否することである。両者の緊張は、このテキストの翻訳において、矛盾した読解や結果としての誤読という緩みをもたらす原因となった。その様子は続く引用から確かめることができる。

フルモン『古代の人民の歴史についての批判的歴史』第1巻、1735年、19ページ。

「タアウト神〔=トト〕はウラヌスをまねてクロノスやサトゥルヌス、ダゴンやその他の神々の肖像を作り出し、そこから神聖な性格をもった文字を作った（ヒエログリフ）。クロノスに対して、その王位を記すために、タアウトは四つの目を描き、二つは前に、もう二つは後ろにおいた。四つの目のうち二つは閉じて休んでおり、二つは開いて目をみはっていた。同様に、肩には四つの翼が描かれ、飛び立とうとしている翼もあったが、残りの二つは下がっていた。

　タアウトの考えは、目によって、眠ったクロノスないしはサトゥルヌスが目覚めていることを理解させることであった。また、目覚めながらにして眠っていることを理解させることであった。翼は、休んでいながらも飛ぶことをや

クール・ド・ジェブラン『原初の世界』、『サトゥルヌスの歴史』第1巻、1773年、2ページ。

「これらのことすべてが原因となり、ウラヌスを真似たタウト神〔=トト〕はクロノスやダゴンあるいはその他の神々の肖像画を描いて、それを文字の神聖なる性質[19]にしようとした。

　タウトは、クロノスを王位のしるしとするために、クロノスに四つの目を与えた。二つの目は前についており、もう二つは後ろについている。それらの目のうち二つは閉じて休んだ状態であるのに対して、残り二つの目は開いている。これと同じくタウトはクロノスの肩に四つの翼を描いたが、二つの翼は広げられ、もう二つの翼は閉じて下がっている。このエンブレムによって、タウトはクロノスが眠りながら目覚め、見張りをしながら休んでいることを示そうとしていた。だがほかの神々には二つの翼しか描かれず、そ

19　あるいは一般的な諸原理。

めていないということ、また、動きながらも静止していることを理解させるものであった。

　ほかの神々については、タアウトは一方の肩にひとつずつ、二本の翼のみを与えて、ただクロノスにしたがって飛行しているようにした。またタアウトはクロノスの頭にも二本の翼を加えた。そのうちのひとつの翼は統治の術におけるクロノスの優れた精神を示し、もうひとつは彼の感覚の鋭敏さを示すものであった」。

れはほかの神々がクロノスに従属しているしるしであった。これらに加えて、タアウトはクロノスの頭頂部に二つの翼を描いている。ひとつは統治の術における知性を示し、もうひとつは洗練された感覚を示している」。

　ウォーバートンによれば「現代人のなかでもっとも学識のある」人物とされるフルモンは、トトの形象に対する神話学的なアプローチのなかで、ウラヌスを「像を作る術」の発明者と認めているが、トトに対しては制度創設者ないしは教育者についての理論家的役割を与える。

　　「タアウトはきわめて創意に富んだ人間だったはずだ。このことは詩人たちがメルクリウスに与えた賛辞やディオドロスの第2巻第1章7ページから帰結する。したがってタアウトが彫像に言及するのも驚くべきことではない。しかしながら彫像の発明はウラヌスないしはテラに帰せられる。ヘルメスは、芸術を完成に至らせることができる者たちを助言によって助けただけである」（フルモン前掲書同頁）。

　塑造家トトのテーマ系は、事実上、ミメーシスが政治的な道具とし

て有用であるという理論を導き出す。つまり、あらゆるアポテオシス〔神格化〕は——ある**権力**を神聖化することで永遠化するものとしてここで理解される以前に——それに先立つ**肖像**(仮面や**分身**、仮象や**偶像**)の製作によって条件づけられつつ、同時にそれ自身が文字の**聖なる性質**、あるいはクール・ド・ジェブランが注で付記したように「一般的な諸原理」の聖なる性質を製作する条件となる。これによってウォーバートンは、**教え**〔ストイケイオン stoikeion〕を翻訳する上で、解釈の道を自由に開く両義性を保つことが可能となり、解釈の最後の列に彼自身を参入させる。つまり、ウォーバートンにとって、トトのヒエログリフは**天体の模写**に由来する形象でしかなくなる。これは、ウォーバートン以前にプルーシュ神父が『天体誌』のなかで30年かけて展開してきた、**エジプト人のエクリチュールの母としての天文学**ともう一度関係を結び直すことなのである。

　「サンコニアトンがわたしたちに言うところによれば、メルクリウスは天を真似て神々の肖像を作り、聖なる文字を発明した。けれども天を真似ることおよび神々を描くこととは、黄道十二宮の星座やその他の星座、星々の配置の形の跡をなぞることにほかならない。これはまさしく天文学、あるいは時や季節についての学を形成するものである。また、これらの形は聖なる文字でもあった。なぜならそれらは寺院の柱に彫り込まれ、今日でもそうであるように、あらゆる聖なる儀式において人々を導いたからである。
　神々の絵画によって天文学を理解しなければならないというメルクリウスのこの説明は、唯一の偶像崇拝が**サービア教**であること、すなわち天体の崇拝であることを知らないものがいないだけ、いっそう正しいのである」(クール・ド・ジェブラン前掲書120ページ)。

　つまり、クール・ド・ジェブランのこの選択は、サンコニアトンによる

神統系譜学に関係したあらゆるほかの解釈図式を排除することを含意している。けれどもそこから、フルモンの主張に対するクール・ド・ジェブランの批判的な関係を、根本的にフルモンに対立する立場へとつながるものだと結論づけていいのだろうか？　このことを決定する前に、エウセビオスの同じくだりを両者がどのように翻訳したのか、相互に検討してみよう。そこで語られているのはカビレス〔コリュバスにつかえる神官〕の書いたものであり、彼らはそれをトトの命にしたがって作成したものと考えている。

フルモンによる翻訳

「それはタビオンの息子（サンコニアトン）、すなわち最初の神官（あるいはフェニキア人のところで行われた聖なる儀礼の指導者）が少々歪曲したものと同じものである。サンコニアトンはそれを自然学の観念や自然現象と結びつけたのちに、バッカスの祭りをことほぐ者たちや秘儀を司る預言者たちにそれを委ねたのである」。

クール・ド・ジェブランによる翻訳

「それはタビオンの息子、すなわち最初の神官（あるいはフェニキア人のところで行われた聖なる儀礼の指導者）がアレゴリーに転化した＊ものと同じものである。サンコニアトンはそれを自然学の観念や自然現象と結びつけたのちに、バッカスの祭りをことほぐ者たちや秘儀を司る預言者たちに委ねたのである。」
＊「フルモンの訳「少々歪曲した」は間違っている」。

　この二つの翻訳を突き合わせると、一方は他方のおおよそ再録でしかないとはいえ、それにもかかわらず二つの歩みが一致していないことが把握できる。とはいえ両者の目的は、サンコニアトンの言説の唯物論的な意味合いを解消するという点では共通しているのだ

が。謎めいた**タビオンの息子**（実際はイェロムバアル）のおこなったことに関して、クール・ド・ジェブランはカビレスのテキストが**形象化を被った**（「アレゴリーに転化した」）と述べている。フルモンはそれについては、カビレスのテキストのもともと明晰で理解しやすかった要素が単純に神話化された——「**歪曲する**〔défigurer〕」という表現から理解されるはずだが——と主張しているように思える。クール・ド・ジェブランは、すでに見たように、トトの**模倣**を単純な天体の模写行為として要約する。これは、「**形象→形象化された文字→ヒエログリフによる秘教**」という図式の力を借りて、偶像の神聖化を**文化的なもの**にすることである——これは**自然化する**別のやり方でもある。だが、トトの人格やサンコニアトンのテキスト自体が示唆しているように、この**神聖化を政治制度化**という観点からとらえるものではない。フルモンは、**タビオンの息子**がサンコニアトン以外の者ではないということを括弧に入れて公言する。だが、サンコニアトンの歴史家としての活動は、このくだりすべてにおいて書かれているように、秘教的な立場の可能性をはっきりと排除しているので、フルモンの推測は誤りとなる。（フルモンによるこの不幸な括弧入れは、フルモンが該当の箇所をビブロスのフィロンによる加筆とみなしたことを意味しているが、この加筆はありえない。なぜなら、まさしく**同じフルモンによる翻訳**のなかで、エウセビオスによって記されたフィロンの証言があり、そこではサンコニアトンその人が寓話とアレゴリーを遠ざけた人物であるということが明言されているからだ。したがってこの断片のくだりはサンコニアトンのものであることがわかるだろう。サンコニアトンは彼が秘儀の手ほどきを受けたイェロムバアルをほのめかしているのである。）

　かくして、純粋かつ素朴な拒絶の伝統に反してサンコニアトンの断片の真正性を認めるこの二つのテキストは、それにもかかわらず、権力の起源に関する唯物論的な理論の書き入れを拒絶するものでもある。だがそれはサンコニアトンに書かれている神統系譜学の直接

的な帰結なのだ。サンコニアトンは、一方においては還元主義的な解釈を通じて作動し（クール・ド・ジェブラン）、他方においては解釈の論理的な裂け目を通じて作動する（フルモン）。神統系譜学についてのこの無理解は、検閲の強力な効果からの帰結であり、18世紀においてこのテキストがそなえていた読解の哲学的かつ人類学的な重要性を否定的な仕方で明らかにしている。

　この否定の第三の形象が、ウォーバートンによる通時的なグラマトロジーのなかに存在している。

　というのも、ほかのあらゆる注釈者と同じく、ウォーバートンはサンコニアトンにおいて、フェニキア人の神統系譜学と明らかに唯物論的な宇宙創生論——これはエウセビオスにおいてもそのまま認められるものだが——を結びつけるつながりを考慮することを拒否しているからだ。ところで、神統系譜学における特定の唯物論は、象徴的なものの発生に関する初期の理論を知らせている。（エクリチュールにおける文字という一般的な意味での）**文字の発明が偶像の発明と連続**して起こったということは、サンコニアトンにおいては、書くという術の**政治的-密儀参入的な制度化**をはっきりと表している。だがこれでは明らかに、キリスト教的神話によって特権化された原初の**透明性**という考えと歴史的に妥協することができない。したがってウォーバートンは、歴史家サンコニアトンの真正性を否定したり彼の信仰に疑念を示したりすることなく、**逆向きの解釈によって彼をキリスト教化する**必要があったのである。

　なぜなら、無理解ないしは否認という単純な仕草によってサンコニアトンの言説の真理の価値を疑うことは、結局のところ効果として、歴史的な解釈という場でこの価値を作動させることになるからだ。ところで、サンコニアトンにとっては、**歴史**とはまさしく、**解釈学**を構成してきた行為そのものを把握することを可能にするものである。**解釈学**とは、歴史家の知の唯一の分配装置であると同時に、政治的権力

の道具として自らをその起源以来作り上げてきたのだ。それゆえ、トトという偉大な神話的形象は、歴史のもつ両義性そのものの意味を持つ。歴史とは、権力が真理に対して**解釈学的な支配力**を行使する特権が与えられた場なのである。

　つまりこういうことだ。トトは歴史家でもあり、政治家でもあり、ヒエログリフと偶像の考案者であり、教育者かつ**書記**でもある。こうした両義性からなる**歴史**は、解釈学者という立場からのみ、すなわち自らの内に歴史家の知と秘儀祭司の権力をもち、ポルピュリオスの言うところの真理の友であるような者によってのみ書かれることが可能なものなのである。この人物は、キリスト教徒を目の前にして嘘つきを仕立て上げねばならなかった。つまり、サンコニアトンを嘘つきにする必要があった。

　ところで、注釈者たちのなかでの支配的な言説は、サンコニアトンを単なるトトのレプリカとして——トト神話の再生産を確証し、歴史家的な否定の再生産を認めるレプリカとして——記録しようとしており、サンコニアトンが政治的な場で無媒介に作動する一貫した唯物論の痕跡を示す限りにおいて、彼の言説の真なる価値を無視するか、あるいは打ち砕こうとしていた。だが、この注釈者たちの言説もまた、唯物論にチャンスを与えるものであった。そこでは唯物論は、トトの二重の本性と同じく、**真理と嘘とを分ける（政治的な）究極の真理**として思考可能なものとなったのである。

　歴史の起源における唯物論の執拗な反復を打ち砕くこと、それは偶像の誕生と象徴的なエクリチュールの出現との関係がもつ**順序を変える**ことでなければならなかったのだろう。つまりそれは、アタナシウス・キルヒャーによって象徴的な制度化にむけて開かれた聖書注解的なパースペクティヴを逆転させることである。**偶像は文字から生まれ**なければならなかったのだ。

*1　このヒエログリフについては、以下の日本語文献を参考にした。ホラポッロ『ヒエログリフ集』伊藤博明訳、ありな書房、2019年、52ページ（「いかにエジプトの書字を示すのか」）。ただし、フランス語で引用されているものから翻訳したので上述の日本語版とは異同がある。

*2　ただしフォンタニエは権利（国籍）剥奪（dénaturalisation）という概念を用いていない。

*3　フロイト『夢解釈』第6章第5節「夢における象徴による形象化」（Freud, *L'Interprétation des Rêves*, traduit par I. Meyerson, P.U.F., Paris, 1967, p.302：フロイト『夢解釈II』新宮一成訳、『フロイト全集5』所収、岩波書店、2011年、95ページ）。トールによればフロイトからの出典は1971年出版の仏語訳からとされているが、正確には1967年初版のものだと思われる。なお、フロイトはこの箇所に次のような注を付している。「この見解をことのほかしっかり支えてくれるのが、ハンス・シュペルバー博士によって提出された理論である。シュペルバー（「言語の発生および発達に対する性的諸契機の影響について Über der Einfluß sexueller Momente auf Entstehung und Entwicklung der Sprache」, *Imago*, I, 1912年）は、原始語は全体として性的な事柄を指し示していたのであるが、やがて、性的な事柄になぞらえられるけれども性的ではない事柄や活動へと移行していくに連れて、もとの性的な意味を失ったとしている」（Freud, *L'Interprétation des Rêves*, traduit par I. Meyerson, P.U.F., Paris, 1967, p.302, n.(2).：フロイト『夢解釈II』95ページ）。

訳者あとがき

　本書はジャック・デリダによる「スクリブル（権力／書くこと）」と、パトリック・トールによる「形象変化（象徴的なものの考古学）」という二つの論文の日本語訳からなる。両論考はともに1977年にパリのオービエ＝フラマリオン社から発行されたウィリアム・ウォーバートンの著作のフランス語訳（フランス語版タイトルは『エジプト人のヒエログリフに関する試論』。以下『試論』と略す）の冒頭に収められている。底本は以下の通り。Jacques Derrida, «SCRIBBLE. pouvoir/écrire», in William Warburton, *Essai sur les hiéroplyphes des Égyptiens*, traduit par Léonard des Malpeines, Aubier Flammarion, Paris, 1977, pp.7–43. および Patrick Tort, «TRANSFIGURATIONS (archéologie du symbolique)», in Warburton, *ibid.*, pp.47–88.

　デリダによる論考内でも言及されているように、このウォーバートンの仏訳は同社の「パランプセスト」というシリーズ内の一冊として刊行されたものである。同シリーズには他にもド・ランクル『悪魔および悪しき天使たちの悪行一覧』や、モーペルチュイ『自然のヴィーナス』など、17世紀から18世紀にかけてのフランスにおける、主要な思想としては取り上げられにくいが確かな影響を与えた興味深い著作が並んでいる。

　翻訳のもととなった書籍には、デリダおよびトールによる論考の後に、レオナール・デ・マルペンヌによるウォーバートン著作の仏語訳と、『試論』の翻訳に対してマルペンヌが付け足した第二巻からの抜粋「中国人の初期の文字に関する諸注意」が続き、最後に書誌一覧と索引が付されている。デリダおよびトールの論考は、ウォーバートンの著作の仏語訳に前に置かれて序文としての役を果たしつつ、独立したウォーバートン論やヒエログリフ論としても読めるものとなっている。

『試論』は、グロスターの主教であり著述家でもあったイギリスの神学者ウィリアム・ウォーバートンが1738年に出版した未完の著作『モーセの聖なる派遣』（正式なタイトルは『証明されるモーセの聖なる派遣』となっている。以下『派遣』と略す）の部分的な翻訳である。『派遣』における言語の起源を論じた部分をマルペンヌが翻訳し、1744年に出版された。

　『派遣』には、当時のスピノザ主義者や理神論者の主張に対抗して書かれたという側面がある。ヤン・アスマン『エジプト人モーセ』（安川晴基訳、藤原書店、2017年）の第4章に詳しいが、ウォーバートンは、たとえばジョン・トーランドといった理神論的立場からの聖書批判に対して、モーセによる立法がまぎれもなく神に由来するものであり、そうであるがゆえに逆説的に、モーセはそれまでの自然宗教が必要としていた「魂の不滅」や「来世における報いと罰」といった装置、および秘密や神秘といった儀礼的仕組みを徹底的に回避したのだと主張する。つまり、モーセの立法に見られる理神論的側面は、異教における典型的な宗教性を回避するために人為的に提示されたものであり、そうした迂回を経てはじめてモーセは神に頼ることができたと考えられる。アスマンの表現を借りるならば、ウォーバートンにとって、「モーセは、彼岸と秘密というこの二つの原理を必要としなかった唯一の立法者」なのであり（アスマン前掲書164ページ）、そうであるがゆえに彼は、古代の異教における秘密や密儀の役割について、徹底的に考究せねばならなかったのである。エジプトやヒエログリフに対するウォーバートンの関心はこうした思想的経緯に基づいている。

　近代西洋においてヒエログリフへの学術的関心が高まった契機は、1419年にホラポロンによる『ヒエログリュフィカ』の写本が発見されたことにある（アスマン、174ページ）。アリストテレス的伝統のなかで「言語」と「慣習」という概念を軸に考えられてきた主題に対し

て、ヒエログリフは「文字」が自然の事物を直示するという思考様式の存在を示すものであった。ここにおいて、事物や観念がいかにして「自然に」文字となるのか、というグラマトロジー的問いが発生したのである。

ヒエログリフをめぐるルネサンスからロマン主義にまで至る言説のテーマは、アスマンによれば、次の三つとされている。すなわち、「第一に、個別言語に特有の分節方法のみならず、そもそも言語の談話性と線状性を離れて意味をコード化するという考え、第二に、神の考えをじかに写し、意味されたものを必然的に、非恣意的に示す根源的な文字と根源的な言葉という考え、そして第三に、わずかな者だけが耐えることができ、彼らにのみ伝授される知識に、その資格のない者たちが近づけないようにするための、秘密の文字という考え」の三つである（アスマン175ページ）。デリダやトールの論考も、基本的にはこうした歴史的な問題の延長線上にある。

ウォーバートンのヒエログリフ論は、その発生に関して独自な説がある。ウォーバートンはヒエログリフの主要な機能として秘密のコード化、すなわち暗号化機能をあげるが、これは絵文字的な書字の機能として最初からそなわるものではなく、絵文字の発展に即して現れてきたものであると考えられている。絵画的文字やしるしといった文字以前の段階に続いて、ある「省略」ないしは「縮約」のプロセスが生じ、慣習的な体系へと変化する時点で文字が誕生する。記号を文字に変えるのは、秘密や秘教化への要求によってではなく、必要性と経済性による要請からなのである（アスマン179–180ページ）。ウォーバートンは記号を省略し縮減する規則を三つあげているが、それは端的に以下のようなものとして説明されている（アスマン181ページ）。

1. 直接的指示の方式：それが指示するものの全体あるいは重要な部分を模写する。本義的記号、イコン的記号とも呼ばれる。

2. 比喩的あるいは転義的方式：記号はそれが表すものとは別の何かを指示する。これによって、有限数の記号によって無際限な数の指示対象を表すことが可能になる。原初的な象形文字はこれによって本物の文字に変わる。これはウォーバートンによってさらに二つに区分される。

2-a.「もっとも重要な要素が全体を表す」
例：盾と弓をもつ手が「戦闘」を意味する。

2-b.「ある事柄のために用いられる道具がその事柄全体を表す」
例：ひとつの目が「全知」を意味する。

3. 「象徴的」あるいは「寓意的」方式：記号が、それを表しているものを謎かけの形式で示す。転義的方式の特殊な形。記号はそれが模倣しているものとは別の何かを指示するが、慣れ親しんだ隠喩法に基づくのではなく、戯れながら異化することによってなされる。ウォーバートンによれば、ここではじめてヒエログリフの暗号機能が登場する。例：自らの尾に噛みつく蛇は「宇宙」を意味する。

ウォーバートンのヒエログリフ論の先見性は、この四段階説のうちにも見られる。これに従えば、ヒエログリフとは神官たちが自分たちの秘儀を隠すために発明したという従来までの考えは誤りとみなされざるをえない。実際、ヒエログリフが暗号的に用いられるのはエジプト王朝末期のことであり、ギリシア人という異邦人による支配下の状況で、当時の通常の書記体系の枠外で依然として使用されていたヒエログリフを用いて、自分たちの知識を謎のヴェールの下に置いたのである（アスマン188–189ページ）。

本書に収められたデリダおよびトールの論考は、ウォーバートンのこうしたヒエログリフ論を対象にして、それぞれが『試論』の序文として機能することを目指して執筆されたと思われる。以下、各論考について簡単な内容紹介を書き記しておく。

デリダの論考「スクリッブル」は、ウォーバートンの著作、およびマル

ペンヌによるその翻訳・翻案を通じて、解釈学的な読みを構成するプロセスを根底から問い直す試みであると言えよう。この問い直しは、エクリチュールと権力という二つの概念を軸に進められる。タイトルの「スクリブル（scribble）」は、「筆記者（scribe）」と「篩（crible）」を混ぜ合わせた造語 scribleという語に、さらに子音 b をひとつ加えたものとして説明されている。筆記者による速記術と、善し悪しを見分ける篩の役目が重ね合わされることで、情報を節約する尺度としての機能がこの語に対して付与される。デリダによるこのタイトルは、ウォーバートンによるヒエログリフ論の中心概念としてあるのがエコノミーによる節約であり、そこにおいては、あたかも真正なものであるかのように提示される神秘や起源の問題が、きわめて政治的な仕方で（あるいは政治経済的な仕方で）節約のシステムを隠蔽する覆いのようなものとして機能していることを暗示している。それだけではない。付与されたもうひとつの子音 b は、ジェイムズ・ジョイス『フィネガンズ・ウェイク』に登場する「Scribbledehobble」に由来している。柳瀬尚紀による日本語訳で「乱筆乱歩」と訳されていることからもわかるように、足を引きずりながらたどたどしく筆記をおこなう様子を思わせるこの単語は、ジョイスの『フィネガンズ』の記述を思わせるのみならず、ウォーバートンが書記の権能やヒエログリフの機能に着せた役割と、そうしたことを背景に織りなされる絵と文字の結びつきが歴史的にジグザグの経緯を経て進展してきたことをも想起させる。デリダは『フィネガンズ・ウェイク』の一節からコードと神に関わる複数の節をつなぎ合わせ、絵と文字、ひいては自然と文化を重ね合わせつつ統御するコードの役割が世界を暗号化しつつ新たな理解を作り出す様子を述べる象徴的な文句として利用している。始めの部分と最終部に置かれたジョイスからの短い同一の引用はデリダの論考の基調をなすものである。引用の配置からも明らかなように、デリダの問いかけは円環状をなすものであり、18世紀のグラマトロジー的側面が、モダニ

ズム以降の文学・批評と深く相互に照応しコミットしあうものだということをも示している。

　デリダの論考は、「序」や「コレクション」という概念、あるいはマルペンヌによる翻訳・翻案の影響や意味に関する考察からはじまり、その後はウォーバートンのテキストに即した形で考察が進められていく。論の詳細は本文を追ってもらいたく思うが、デリダがウォーバートン（および翻訳者マルペンヌ）のテキスト内に見出した重要な概念として、ここでは「覆い（cover）」の存在を指摘しておきたい。本論考におけるデリダは、原初の言語から近代言語へと至る素朴な進歩主義に疑義を唱え、エクリチュールの複雑性のうちに（つまりグラマトロジー的観点から）、言語における起源の問題をひとつの「覆い」の発生として批判的に捉えようとする。原初のものとして想定されていた「声」の直接性は、実際はそこから派生してきたように思われるエクリチュールの性質を介してのみ語られうる。「意味作用の実践の産出量を向上させ、情報の保管場所とアーカイヴの預け場所のなかに場所を獲得」することがエクリチュールの目的であり、それは根本的に節約と縮約の法則に則るものなのだ。声の直接性を語る言説が隠喩的な表現にしか訴えることができないならば、そこにおいては隠喩化というエコノミーが、すなわちある語によって別の語を語らねばならないという掟がすでに作動している。かつてあった声の直接性が失われた、という起源における純粋性喪失の物語と、失われた本来の自然を宝物庫（アーカイヴ）のなかに秘密のものとして収める知的秘教主義が同時に発生する。ここにおいて「覆われ」というカタストロフが生じるとデリダは述べる。自然の自然なプロセスは本来性の名の下に覆われ、起源への希求と変質する。だが、このカタストロフは、言語・人間という自然に内在する自然災害でしかない。ウォーバートンが取り上げたエジプトの神官たちがすぐれて政治的‐権力論的問題となるのは、彼らがこうした自然の漸次的プロセスを決定的断絶

として捉え、その断絶のなかに自分たちが介入する場を見出した点にある。そこにおいて、神官たちが世界の秘密を守るという擬制が成立することになる。ウォーバートンの矛盾は、こうした仕組みを生み出す起源への単一神話を批判するために、複数の異なる（擬似-）起源を検討するという方法のうちに存する。モーセにおける一見して理神論的に思える見解も、にもかかわらずモーセにおける一神教的崇拝を否定するものではない。相対立するものが出会うなかにしか本質は存在しない。デリダの卓越した表現を借りるならば、そこにおいて、「偶有的なものが必然的である」ということが示されなければならなかったのである。

　デリダの論考は他にも多くの論点を提示するものであり、また『グラマトロジーについて』やコンディヤック論といった近代初期を主たる対象にした著作と、『弔鐘』や『絵葉書』といった70年代中盤以降の著作をつなぐ上で重要な着想をいくつも含むものであると思われるが、これについては識者の指摘を待つとともに、また稿を改めて自らも考えたく思う。興味がある読者にとっては本論考中にデリダ本人がつけた注が、こうした問題への導きの糸になるだろう。

　もうひとつの論考、パトリック・トールによる「形象変化」についても簡単に触れておきたい。著者パトリック・トールは、言語哲学・生物哲学を主たる専門とするフランスの哲学者である。近年はダーウィンやダーウィン主義に対する著作を多数刊行し、スラットキン（Slatkine）社から現在刊行中のフランス語版ダーウィン全集にも関わっている。1952年生まれのトールは、1980年に『エクリチュールと言語：17世紀から19世紀に至る起源の問題』という博士論文で文学博士（哲学・言語学）を取得している（審査員として、イヴォン・ベラヴァル、フランソワ・シャトレ、ジャン＝クロード・シュヴァリエ、ミシェル・デュシェ、そしてアンリ・メショニックの名があげられている）。この博士論文は、第一部「ウォーバートン『エジプト人のヒエログリフに関する試論』の

学術版について、および序論として「形象変化：象徴的なものの考古学」、第二部「トトの布置：ヒエログリフと歴史」、第三部「進化論と言語学」の全三部から構成されており、今回翻訳された「形象変化」はトールの博士論文の第一部の序論に当たるものと思われる（上記の情報はパトリック・トール本人のウェブサイトhttp://www.patrick-tort.org（2019年7月15日閲覧）に基づく）。

　「形象変化」は当時25歳の博士論文執筆中の若いトールが書いた論考であり、関連する当時の文献を複数比較しながら、ウォーバートンにおける比喩や記号の役割を徹底的に明らかにしようとする文献学的な研究だと言えよう。こうしたトールの意図は、デリダによって、「唯物論的な読解空間のなかに、この［批評と読解という］アナロジーを力強く打ち立てるものでもある」と説明されている。トールにとってウォーバートンの理論は、「「象徴の生産」や「書く技術に関する政治的－秘儀伝授的な制度」についての、少なくとも初期の唯物論的な理論を否定するもの」だったのであり、初期唯物論がもつ単線的な進歩史観を批判的に乗り越えるためにも、ウォーバートンの著作の徹底的な検証が必要とされていたことがうかがえる。「形象変化」と訳したフランス語タイトルtransfigurationは、異なる形象化のあいだを横断するという意味に捉えられるが、同時にこれはギリシア語のmetamorphosisの訳語でもある。比喩的形象の変化・変遷は、そのまま「変態・変身」の理論ともなるのである。

　トールの論考においても、基調となる問題意識はデリダのそれと類似している。すなわち、権力の起源としての解釈学的営為を問題として焦点化し、そこにおいて歴史と真理との関係において働きかねない暴力（神学政治的暴力）をヒエログリフ論のなかに見出そうという試みである。トールはこの暴力の痕跡を、たとえばプルーシュとウォーバートンにおけるヒエログリフの進化論の比較のなかに見る。プルーシュにおいて隠喩的なものが均質な進化の作用のもとで出現すると

説明されるのに対して、ウォーバートンにおいては、提喩的なコードが隠喩的なコードと接合して、すなわち異なるコードの出会いとしての記号横断的思考が存在している。ウォーバートンにおいて潜在しているのは、諸システムの自律進化系という観点であり、そこでは異なる記号のシステムが水平的に存在しながら交錯することで新たなシステムが発生する。異なる書記のシステムがすでに複数存在していたというウォーバートンの所与は、トールにとって、最終的には単一の起源としてのキリスト教的ロゴスの観念を問いに付すものであり、すぐれて唯物論的歴史哲学の所与として、批判的に考えられる重要性があったのではないだろうか。また、トールがそうした思考を紡いでいく際に、当時大きな影響力があったフォンタニエの修辞学研究が用いられ、別の箇所ではフロイトの夢分析などが援用されるくだりなどは、言語学や文学研究、心理学や生物哲学など多分野の同時代的な展開に広く目を向けたトールの学術的関心のあり方を示すものであろう。トールの作業にはまた記号論的な観点からも注目すべき点は多く、古典的な修辞学に基づく記号の理論と例えばパースに代表される現代記号論の関係を問い直す上でも示唆するところは大きいと思われる。

　トールの論考のこういった通時的共時的な射程に関しては、本来ならばまずは 16 世紀以降のさまざまな東洋学関連の書誌と絡めて批判的に検討すべき論考ではあるが、かなりの時間を要する作業になるとも思われるので、また改めて考える機会を持ちたく思う。

　いずれにせよ、18 世紀初頭に出版されたモーセ論が数年後に独自の「序文」を付してヒエログリフ論としてフランス語に訳され、それから 230 年ばかりのちにフランスで新たな叢書として収められるに際して当代の現代哲学の哲学者・研究者からさらに二つの「序文」が加えられ、さらに言えばその「序文」のみがそこから 40 年以上後に日本語に訳されるということ自体、文献学的な学問研究が前提とし

て含んでいる歴史的なつながりの可能性やスケールを感じさせる。ヒエログリフに書かれているような、篩や紙を用いて、あるいはそれらを概念的道具として行われる思考を通じて様々なものをより分ける「批判的人間」の存在が、少なく見積もっても古代エジプト以来連綿と続いていること自体に驚きを禁じえない。人間は確かに歴史的存在として存在するが、それは同時に根幹を等しくする手続きを遂行し続けてきた超歴史的な存在としてそうなのではないか、デリダに倣ってそう述べることも可能かもしれない。文献学的な近代諸学成立の黎明期に成立し、今日ならば横断的と言われるであろう学術研究のもつ知的蓄積の豊かさと、結果としてそれが備える近代批判的な側面について、「篩い分け／批判」という行為のもつ超歴史的行為の一般的問題として提示することも、本書の特徴のひとつである。篩に基づくアーカイヴ化という権力執行と、それを基礎づける「節約」の法則の擬似自然性（普遍性）が人間世界の権力関係を規定してきたとするこの視点は、アーカイヴ的なものの破壊ないしは軽視と解釈学的暴力のもっとも浅薄な形である「ポスト真実」が結びついた現代の諸相に対して、それを効果的に解明するための視座を与える議論にもなりうる。節約され覆われているがゆえに無数の解釈が可能であるという構造とその帰結を、本書所収の論考はまさしく問題としているのである。

　最後に、本書の翻訳企画を快諾してくださり、長きにわたってひたすらに進まない作業を後押ししてくれた月曜社の小林浩さんに心からの御礼をお伝えしたい。出版業界自体の不振が叫ばれるなか、良質な学術書を絶え間なく刊行することを止めない良心的存在としての月曜社を一身に支える小林さんの努力や励まし、とりわけ忍耐なくしては、この翻訳が完成することはなかった。うまく事が運んで出版されたあかつきには真っ先にお礼の言葉を伝えたく思う。そうして最

後の最後に、共に考え生きてきたすべての友たちへ、感謝の表れとしてこの本を差し向けたい。誰であれ何であれ、ここに偶然存在してしまったこと、それのみがすべての関わりの発端なのであり、つまりはすべての複数の生＝自然の現れなのだろうから。

2020年春　訳者

［著者］

ジャック・デリダ［Jacques Derrida, 1930 – 2004］

哲学者。フランス領アルジェリアのアルジェに生まれる。パリのエコール・ノルマル・シュペリウール（高等師範学校）卒業後、同校で哲学史を講じる。フッサール現象学についての研究から始めて、構造主義言語学や精神分析などを批判的に取り入れ、西洋において伝統的に続いてきたロゴス中心主義の批判を主張する。「脱構築」「差延」の概念で知られるデリダの哲学は、英米や日本においても、哲学のみならず文学、批評理論、政治哲学、法哲学など多方面に影響を与えている。哲学教育の実践としては1983年に創設された「国際哲学コレージュ」の初代議長も務めている。主な著書として『声と現象』（1967年）、『グラマトロジーについて』（1967年）、『哲学の余白』（1972年）、『散種』（1972年）、『有限責任会社』（1990年）、『盲者の記憶』（1990年）など。

パトリック・トール［Patrick Tort, 1952 –］

言語学者、哲学者、科学史家。フランス・アルデシュ県のプリヴァに生まれる。モロッコで幼少期を過ごし、ソルボンヌ大学に入学後アグレガシオンを取得し、兵役中にコートジボワールのアビジャン高等師範学校で比較文学を教える。パリでカシャンとサン＝クラウドの高等師範学校でアグレガシオン講座の講師となったが再びアビジャンで科学史を教え、パリに戻った後は在野の研究者となる。初期はディドロを中心とした啓蒙思想の研究を行い18世紀・19世紀の言語とエクリチュールに関する博士論文を提出したが、アビジャン滞在以降はダーウィンを中心とした科学思想・科学哲学を主たる対象としている。主な著書に*L'Origine du Paradoxe sur le comédien* (Vrin, 1980), *Évolutionnisme et linguistique* (Vrin, 1980), *Darwin et le darwinisme* (P.U.F., 1997) などがある。ほかにも*Dictionnaire du darwinisme et de l'évolution* (P.U.F., 3 vols, 1996) を監修するなど、ダーウィン関連に多数の業績がある。

［訳者］

大橋完太郎［おおはし・かんたろう：1973 –］

神戸大学大学院人文学研究科准教授。東京大学大学院総合文化研究科博士課程修了。博士（学術）。専門は表象文化論、美学・感性論、近現代西洋思想史。フランス啓蒙思想（ディドロ、ビュフォンなど）、現代思想（フーコー、ドゥルーズ、デリダなど）の基礎理論をアップデートすることを通じて、現代における「フィクション」や「ノスタルジー」の働きを解明するための感性論・イメージ文化理論を考察している。著書に『ディドロの唯物論』（法政大学出版局、2011年）など。訳書にカンタン・メイヤスー『有限性の後で』（共訳、人文書院、2015年）、リー・マッキンタイア『ポストトゥルース』（共訳、人文書院、近刊）など。

叢書・エクリチュールの冒険
第17回配本

スクリッブル —— 権力／書くこと
付：パトリック・トール「形象変化（象徴的なものの考古学）」

著者：ジャック・デリダ
訳者：大橋完太郎

2020年8月15日第1刷発行

発行者：小林浩
発行所：有限会社月曜社
182-0006 東京都調布市西つつじヶ丘4-47-3
電話：03-3935-0515
ファクス：042-481-2561
http://getsuyosha.jp

造本設計：木村稔将
印刷製本：株式会社シナノパブリッシングプレス

ISBN978-4-86503-099-0
Printed in Japan